30일 완성!

나도 드럼 친다

최성수

서울예술대학교 실용음악과 드럼 전공
육군 1군사령부 군악대 전역
미8군 정기 협연 연주
다수 가수 콘서트 및 앨범녹음 드럼 연주 참여
다수 뮤지컬 드럼 연주 참여
현) SOO' Drum Village 드럼학원 원장
　SOO' Studio 대표
　미국 스틱회사 REGAL TIP 아티스트

http://www.youtube.com/c/최성수Drumvillage

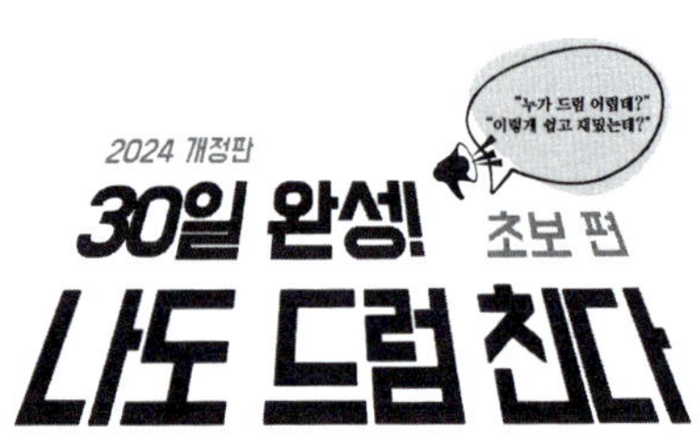

초판인쇄　2024년 3월 8일
초판발행　2024년 3월 8일

지은이　최성수
펴낸이　채종준
펴낸곳　한국학술정보(주)
주소　경기도 파주시 회동길 230(문발동)
전화　031 908 3181(대표)
팩스　031 908 3189
홈페이지　http://ebook.kstudy.com
E-mail　출판사업부 publish@kstudy.com
등록　제일산-115호(2000. 6. 19)

ISBN　979-11-7217-170-4 13670

2024 개정판

30일 완성! 나도 드럼 친다

초보 편

최성수 지음

“드럼은 어려워.”
“드럼은 손과 발을 따로 움직여야 해.”
“난 음악을 해본 적이 없어.”
“난 타고난 박치야.”

악기를 하나 배워보고 싶은 마음이 들 때 가장 쉽게 접근할 수 있는 악기가 드럼입니다.
단순히 두드리면 된다고 생각하여 쉽게 배우고 스트레스까지 풀릴 것 같은 짜릿함을 상상하며 드럼을 배우려고 합니다.
하지만 주위에 학원을 찾아보고 많은 동영상을 찾아보아도 어디에서 어떻게 무엇부터 시작해야 하는지 헷갈려서 도전하지 못하는 경우가 많습니다.

꼭 학원에 가지 않더라도, 레슨을 따로 받지 않더라도 드럼이라는 악기를 쉽고 재밌게 배울 방법이 없을까 고민하여 이번 교재를 만들고, 여러분에게 추천드립니다.

악보를 읽는 방법부터 간단한 리듬을 연주하고 노래에 맞추어 연습한 것을 적용하는 것까지 쉽고 빠르게 『30일 완성! 나도 드럼 친다』와 함께라면 여러분도 하실 수 있습니다.

시간이 지날수록 삶의 질은 올라가고 워라벨이 중요시되며 나 스스로에게 투자하는 시간도 많아지고 내면을 단단히 채울 수 있는 것들을 하나씩 찾기 시작하며 악기 배우는 것에 자연스레 흥미를 가지게 될 것입니다.
우리 삶에서 빠질 수 없는 음악을 들으며 내가 직접 좋아하는 노래에 맞춰 악기를 연주할 수 있다면 그것만큼 짜릿한 것도 없을 것입니다.

힘들게 배워서 드럼에 흥미를 잃는 것보다는 처음에 재미를 느끼며 충분히 즐기며 조금씩 실력까지 상승시킨다면 여러분은 멋지고 훌륭한 드러머가 될 것입니다.

여러분이 드럼을 배우는 그 첫걸음을 『30일 완성! 나도 드럼 친다』와 함께 하신다면 상상이 현실로 되는 기적을 경험할 것입니다.

P.S. 드럼과 올바른 삶을 살아가도록 많은 가르침을 주신 황성삼 선생님, 많은 보살핌과 사랑으로 대해주신 정광훈 선생님, 물심양면으로 지원해주시고 응원해주시는 대신악기 임직원분들에게 감사드립니다.

2024년 3월

최성수

Contents

Part 3   8분음표 배우기

Part 4   8비트 베이스 드럼 변형 배우기

Part 7 딴-따다 음표 이해하기

Part 8 따다단- 음표 이해하기

Part 9 따단-따 음표 이해하기

Part 10   음표 종합 연습

Part 1

드럼 치기 전 기초 지식 쌓기

음악에서 사용되는 음표 알기

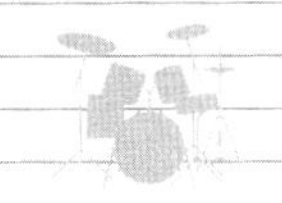

1. 온음표, 온쉼표 – 음표 한 개에 4박자의 길이를 내포하고 있으며, 온쉼표 또한 4박자 쉰다.

2. 2분음표, 2분쉼표 – 음표 한 개에 2박자의 길이를 내포하고 있으며, 2분쉼표 또한 1개당 2박자만큼을 쉰다.

3. 4분음표, 4분쉼표 – 박자의 기준이라고 말할 수 있으며 4분음표 1개는 1박자를 의미하며, 4분쉼표 1개당 1박자씩을 쉰다.

4. 8분음표 – 음표 한 개에 반 박자의 길이를 내포하고 있으며 두 개가 모이면 4분음표 한 개의 길이와 동일해지는 박자로 만들어진다.

5. 16분음표 – 음표 한 개의 길이는 1/4의 박자를 나타내며 16분음표 4개가 모여야 4분음표 1개, 즉 한 박자가 만들어진다.

*** 헷갈릴 수 있는 음표 정리하는 팁!**

1. [4분음표 1개] = [8분음표 2개] = [16분음표 4개] = 한 박자

2. [8분음표 1개] = [16분음표 2개] = 반 박자

* 1박자, 2박자, 3박자의 기준은 4분음표를 기준으로 이야기하는 것입니다.

틈새 퀴즈

1. [4분음표 2개] + [8분음표 4개] = [   ] 박자

2. [8분음표 2개] + [16분음표 8개] = [   ] 박자

드럼 세트의 역사

드럼 세트는 야구, 핫도그 및 사과 파이처럼 미국에서 만들어진 악기다. 현재 존재하는 드럼은 많은 진화와 발전을 거쳐 현재의 모습으로 만들어졌다.

1. 1800년대 후반

브라스 밴드는 미국에서 가장 일반적인 유형의 악기 앙상블이었다. 19세기 후반, 미국의 모든 도시에는 밴드 공연이 즐비했다. 미국의 모든 군대에는 자체 밴드 팀이 있었으며, 일반적으로 일부 밴드는 전쟁 후에 그대로 유지되었지만 다른 밴드는 해산했다.

각 브라스 밴드는 스네어, 베이스 및 심벌즈 등 퍼레이드 행진 시에 따로따로 한 명씩 배정이 되어 1명당 1악기를 연주했다. 그로 인해 실용적인 부분에서 사람들은 갈등을 느끼기 시작했다.

매번 두 명 이상의 악기 연주자가 필요했기 때문이다. 그리고 곧 악기를 다룰 수 있는 연주자가 줄어들었고, 다양한 발명품이 만들어지기 시작했다. 두 가지 이상의 리듬을 연주하는 드러머의 개념은 스네어 드럼 스탠드 및 베이스 드럼 페달 생성 등을 만들게 되었다.

이전까지의 드러머는 끈이나 슬링으로 어깨에서 드럼을 걸어서 사용했지만 의자에 앉아서 드럼을 연주하도록 William F. Ludwig Sr., 타악기 연주자 및 Ludwig Drum의 설립자의 회사에 의해서 1909년에 최초의 베이스 드럼 페달을 개발하여 판매했다. 그로 인하여 한 명의 드러머가 둘 이상의 작업을 한 번에 쉽게 수행할 수 있게 되었다. 그때 지금의 드럼 모습이 생겨나기 시작했다.

2. 1920년대

활활 타오르는 20년대는 어느 한 소년의 발명에 집중했다. 높이 약 12의 스탠드를 발로 눌렀을 때 메커니즘이 닫히는 페달과 스탠드를 개발하게 되었다.

심벌즈 두 개를 모아서 사용한 것으로 워렌 베이비 도드, 폴 바바린, 벤 폴락, 스탠 킹 등이 이전에 사용하였던 심벌은 심벌즈를 처음부터 끝까지 음소거하여 사용하였고, 2와 4의 약한 비트만을 강조하였다. 그리고 그들은 손으로 심벌즈의 소리를 멈췄다. 하지만 하이햇이 발명된 이후에는 왼발로 소리를 멈출 수 있게 되었다. 플레이어가 손을 심벌의 소리를 멈추는 데 사용하면 리듬을 연주할 수 없었기 때문이다.

따라서 현재 존재하는 하이햇 스탠드, 심벌 스탠드의 발명이 완성되었고 스네어, 베이스 드럼, 심벌즈를 따로 연주해야 했던 시대에서 한 명이 동시에 3가지 이상의 악기를 다룰 수 있는 현재의 드럼 세트가 완성되었다.

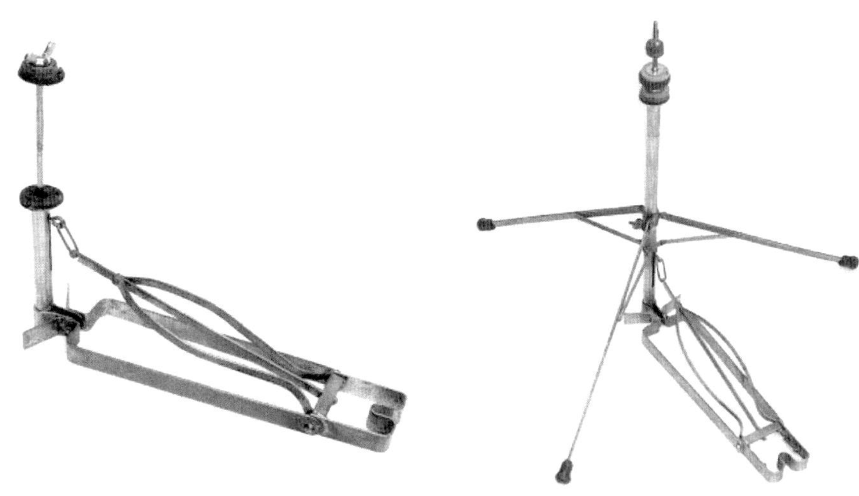

드럼 모양과 명칭 알기

1. **하이햇** - 리듬에서 가장 많이 사용되는 악기로서 리듬의 리더 역할을 한다.

2. **스네어 드럼** - 리듬의 강세를 표현하는 역할을 하는 악기이며 2, 4번째 박자에 주로 사용된다.

3. **탐탐** - 필인을 할 때 주로 사용되며 리듬을 만들 때 사용되기도 한다.

4. **플로어탐** - 탐 중에서 가장 낮은 음역대의 악기로서 바닥에 세워둔다 하여 플로어탐이라 한다.

5. **베이스 드럼** - 드럼에서 가장 낮은 음역대의 악기이자, 페달이라는 도구를 밟아 소리를 낸다.

6. **크래시 심벌** - 흔히 알고 있는 심벌이라 지칭하는 것으로 강력한 파열음을 낸다.

7. **라이드 심벌** - 리듬의 분위기 변화 혹은 리듬의 전환 시에 사용되는 심벌이다.

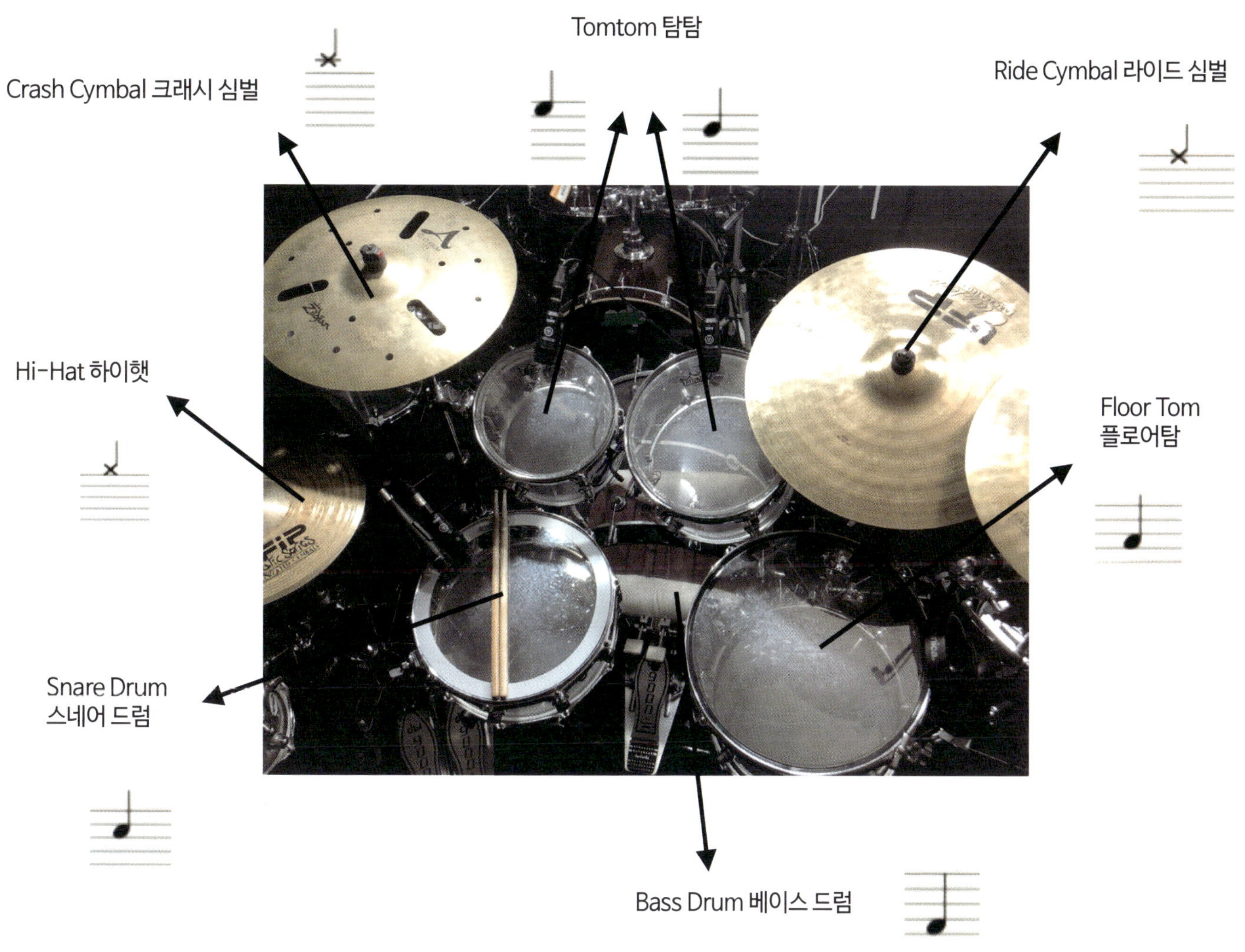

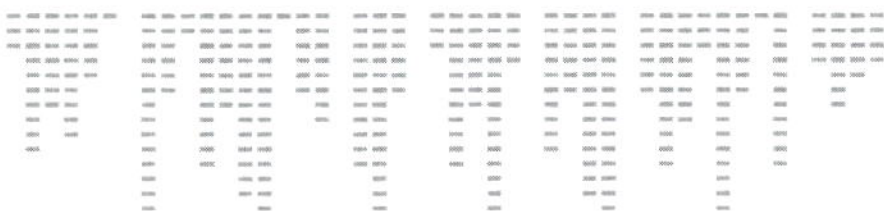

드럼 튜닝의 방법

1. 스네어 튜닝의 방법

1. 튜닝 키를 사용하여 빨-주-노-초-파-남-보-검은색 순으로 튜닝을 진행한다.

2. 빨간색 러그에 자신이 원하는 소리를 튜닝한다.

3. 색의 순서에 따라서 같은 음으로 하나씩 튜닝한다.

＊ 스네어 드럼은 앞의 나사부터 시작하여 대각선으로 조금씩 조이도록 한다. 한 번에 너무 많이 조이지 말고 순서대로 조금씩 조인다. 음의 높낮이는 자신의 개성에 맞게 한다.

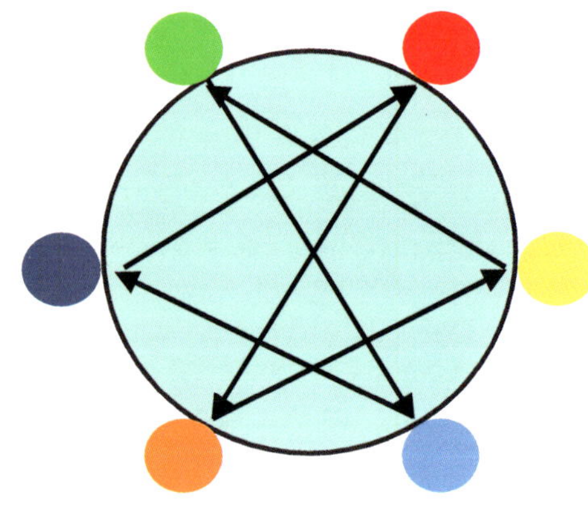

2. 탐(TOM) 방법

1. 튜닝 키를 사용하여 빨-주-노-초-파-남색 순으로 튜닝을 진행한다.

2. 빨간색 러그에 자신이 원하는 소리를 튜닝한다.

3. 색의 순서에 따라서 같은 음으로 하나씩 튜닝한다.

＊ 탐탐 드럼은 앞의 나사부터 시작하여 대각선으로 조금씩 조이도록 한다. 한 번에 너무 많이 조이지 말고 순서대로 조금씩 조인다. 음의 높낮이는 자신의 개성에 맞게 한다.

튜닝 TIP

• 드럼은 위아래의 2개의 드럼 피가 장착이 되어 있다. 위의 피를 먼저 튜닝을 한 다음 아래의 피를 튜닝을 하는데, 아래의 피를 많이 조일수록 잔음의 길이가 짧아지고 느슨하게 할수록 드럼통의 잔음이 길어진다. 보통은 아래 피를 위의 피에 비하여 장2도 낮게 튜닝을 한다.

• 튜닝의 순서는 작은탐 - 미들탐 - 플로어탐 - 베이스 드럼 - 스네어 드럼 순서대로 튜닝하는 것이 좋다.

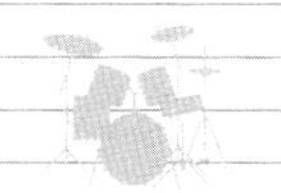

드럼에서 사용되는 악보 알기

1. 드럼에서 사용되는 악보는 항상 지정되어 있는 고정식 악보이다. 즉, 언제 어디서든 같은 자리에 그려져 있는 악보는 같은 악기를 연주하면 된다.
2. 악보에 나와 있는 하이햇 악보는 기본적으로 하이햇 페달을 밟아서 두 장의 하이햇 심벌이 닫힌 상태를 의미한다.

〈드럼 악보 읽기〉

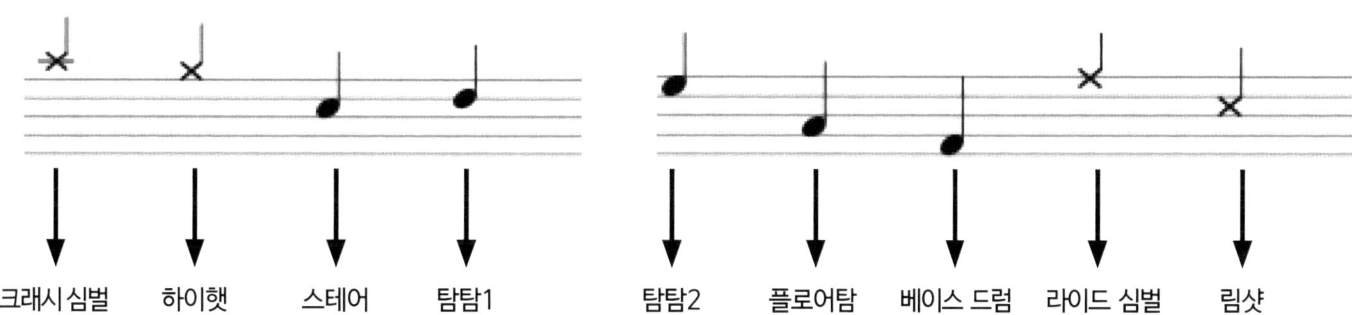

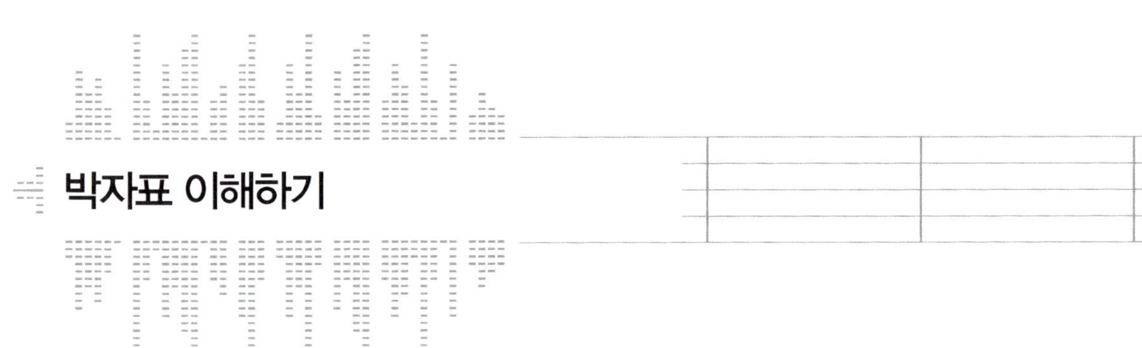

박자표 이해하기

4분의 4박자

4분음표가 1마디 안에

4개가 있다는 뜻입니다.

즉, 한 마디에 네 박자가 있다는 뜻임.

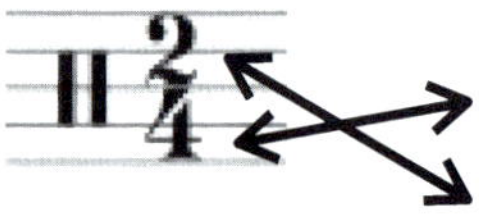

4분의 2박자

4분음표가 1마디 안에

2개 있다는 뜻입니다.

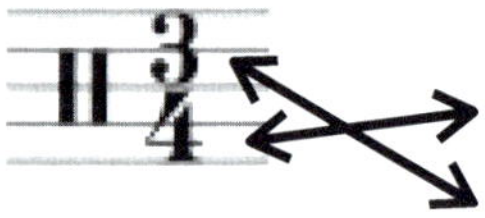

4분의 3박자

4분음표가 1마디 안에

3개 있다는 뜻입니다.

8분의 6박자

8분음표가 1마디 안에

6개 있다는 뜻입니다.

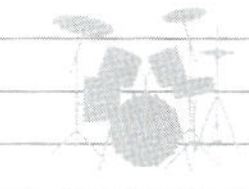

1. 스틱의 1/3 지점의 위치에

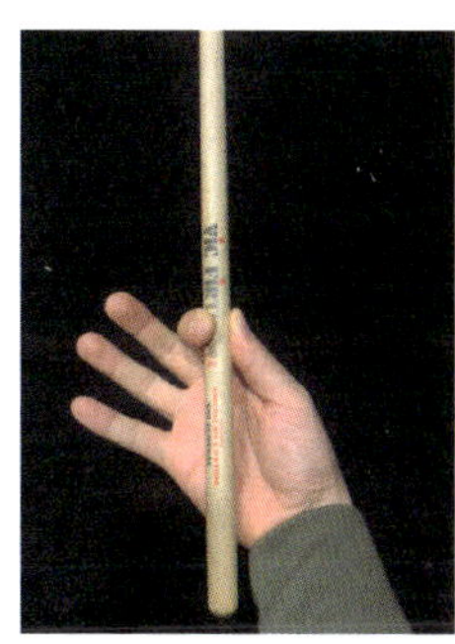

2. 엄지와 검지손가락을 대칭하도록 잡는다.

3. 나머지 3개의 손가락은 스틱에서 떨어지지 않도록 스틱을 쥔다.

4. 위에서 보았을 때는 스틱과 손목까지 1자가 되도록 쥔다.

주의 사항

- 스틱을 잡고 손목을 돌렸을 때 스틱의 끝이 원을 그리지 않도록 잡는 것이 안정적이다.
- 스틱을 잡은 손가락은 쥔다는 느낌만 줄 뿐 힘을 주어서는 안 된다.

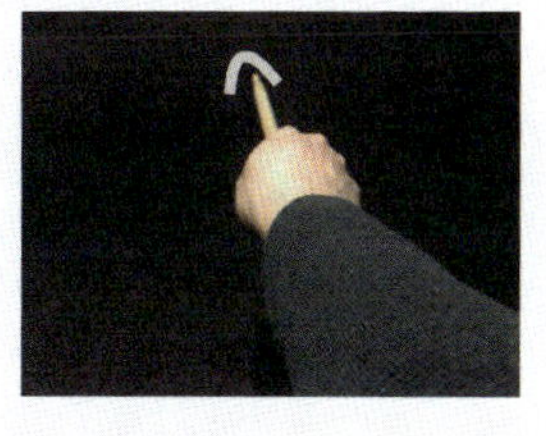

1

2

3

4

1. 스틱의 종류와 나에게 맞는 스틱 고르는 방법

- 스틱은 길이와 무게, 두께, 재질, 음악 장르에 따라서 많은 종류로 나누어진다.
- 스틱의 무게는 정해져 있는 값은 없지만 두께에 따라서 무게가 달라지니 유의해야 한다.

2. 스틱의 재질

- 스틱의 주원료는 나무다. 그중에서도 메이플, 히코리, 오크 크게 3가지 나무로 스틱을 만들고 있다.

3. 스틱의 사이즈

- 스틱에는 5A, 5B, 7A 등등 숫자와 알파벳이 적혀 있는 것을 볼 수 있는데, 앞의 숫자는 스틱의 두께를 의미한다. 숫자가 낮아질수록 스틱의 두께가 점점 두껍다는 것을 의미하고 숫자가 높을수록 스틱의 두께는 얇아진다.
- 숫자 뒤에 알파벳 또한 두께와 스틱의 길이를 나타내는데, A보다는 B가 조금 더 무겁고 길다는 것을 의미한다.

4. 어떤 스틱이 나에게 맞는 스틱일까?

- 개인마다 손 크기와 힘의 세기가 다른 것처럼 스틱도 어떤 한 종류가 나에게 딱 맞는다고 이야기하기 어렵다. 드럼을 치며 스틱의 여러 종류를 접해본 후 나에게 맞는 스틱을 고르는 것이 좋다.

1. 손목을 스틱 끝보다 높은 위치에 둔 다음 스틱을 A자로 기본자세를 잡는다.

2. 드럼을 칠 때는 팔로 치지 않고 스틱의 끝을 귀 옆까지 들어서 친다는 생각으로 스틱의 끝을 들도록 한다.

위에 보이는 사진처럼 팔을 움직여서 스틱을 들지 않고 손목을 이용하여 스틱의 끝을 들어서 연주한다.

TIP 드럼을 칠 때는

• 드럼을 칠 때는 팔을 들어서 치는 것보다는 스틱의 끝부분을 들어서 드럼에 스틱을 던진다는 느낌으로 치는 것이 좋다.

하이햇 심벌과 베이스 드럼 페달 밟는 방법

– 베이스 드럼 페달의 2가지 방법

1. 뒤꿈치를 내리고 있는 상태에서 앞꿈치를 이용하여 밟는 방법(주로 Jazz 드러머나 작게 쳐야 하는 환경에서 사용됨)

2. 뒤꿈치를 들고 있는 상태에서 다리 전체의 무게를 싣고 밟는 방법(가장 보편적으로 사용되는 방식으로 기본동작이라고 생각해도 무방함)

– 왼발 하이햇 페달 밟는 방법

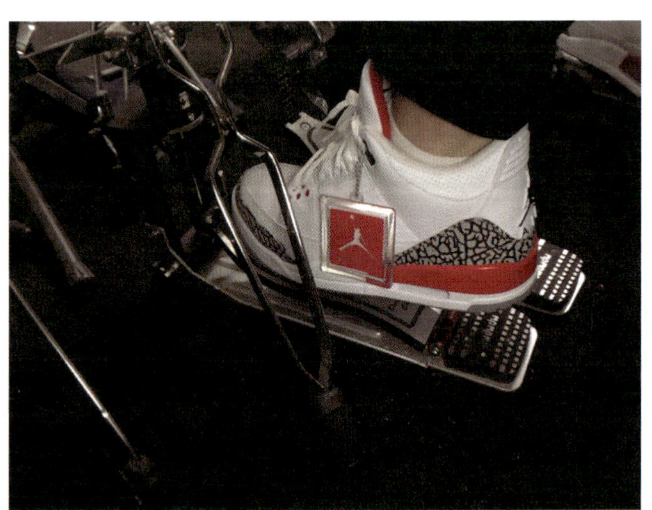

하이햇 페달 밟기 예시 1

기본적으로 하이햇은 두 장의 위아래 심벌이 닫힌 상태로 연주가 되기 때문에 항상 페달을 밟고 있어야 한다. 그래서 힘으로 밟는다는 것보다는 뒤꿈치를 들고 있으면 자연스레 심벌이 닫히게 되므로 뒤꿈치를 항상 들고 있도록 하자.

Part 2

4분음표 배우기

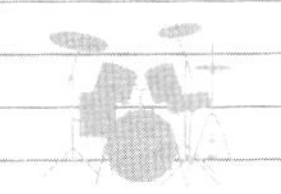

• 4분음표는 한 박자의 길이를 가지고 있으며 쉼표 또한 한 박자의 길이를 가지고 있다.

• 음표가 그려져 있는 곳에서만 박수를 치며 연습해보자.

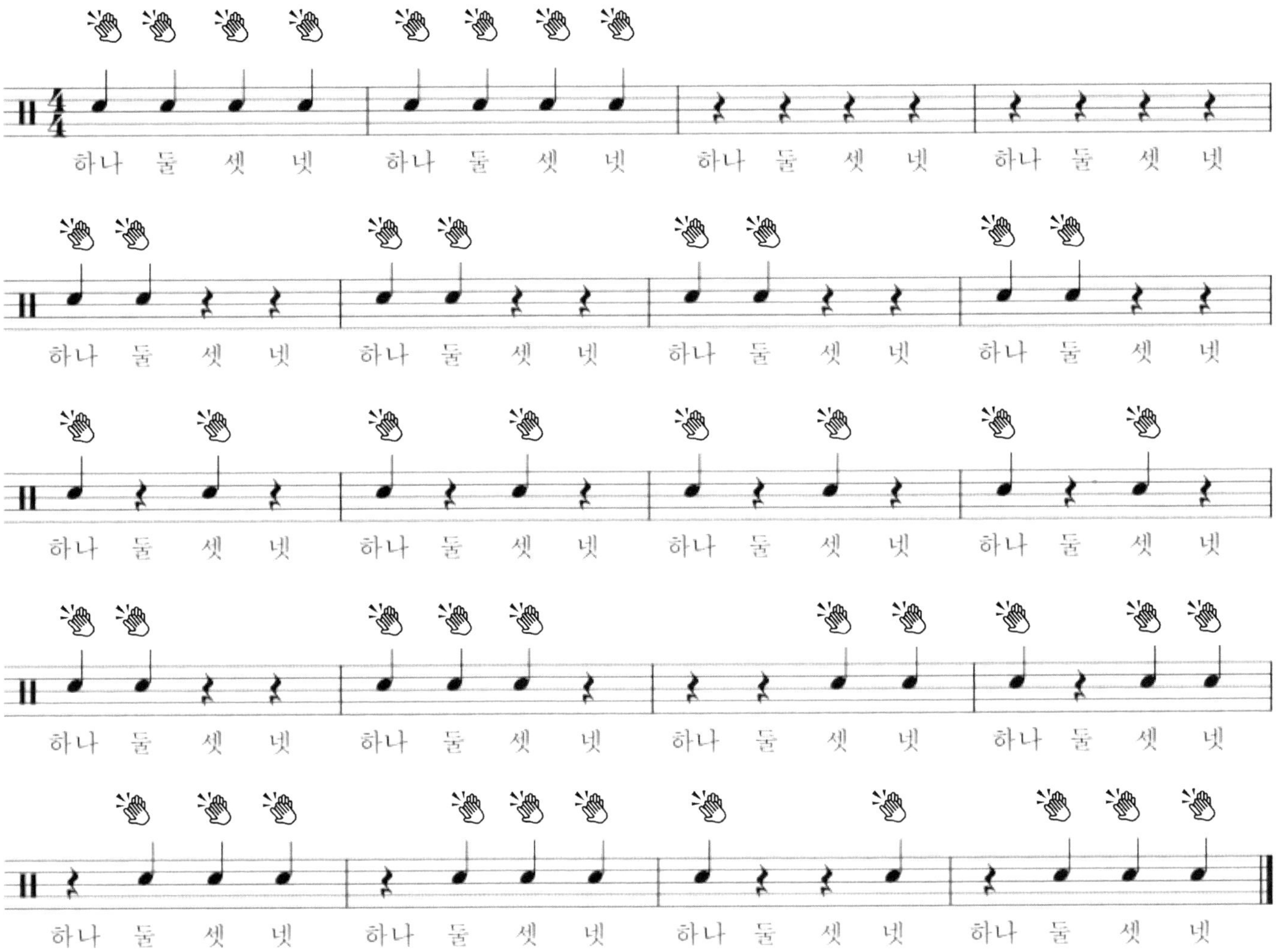

4분음표, 4분쉼표 연습하기 1

- 드럼에서 음표를 연주할 때 스틱 잡는 방법과 주의 사항을 다시 한번 확인한 후 시작하자.
- 느린 노래에 맞추어 치면서 연습해보자.

R – 오른손
L – 왼손

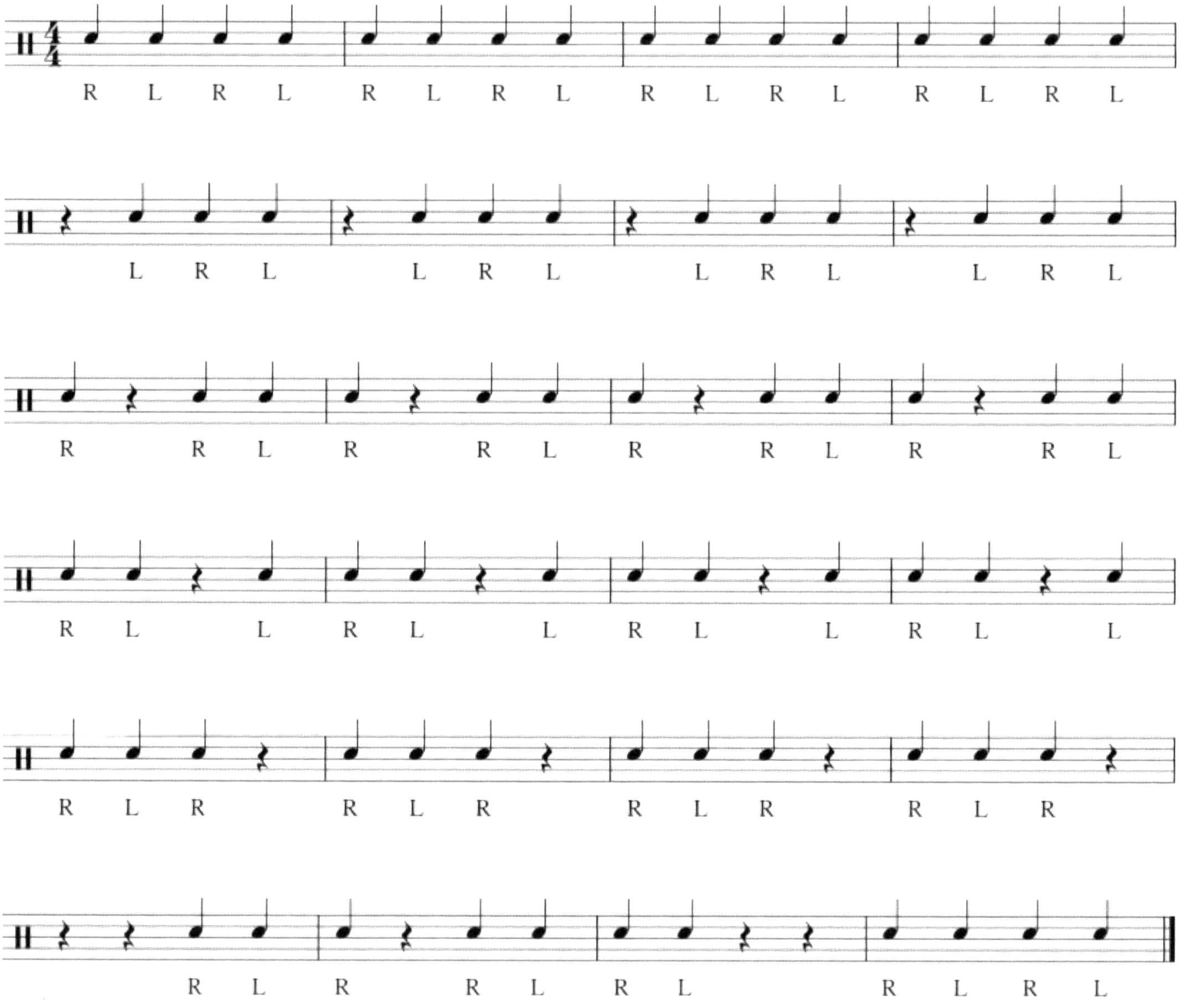

4분음표, 4분쉼표 연습하기 2

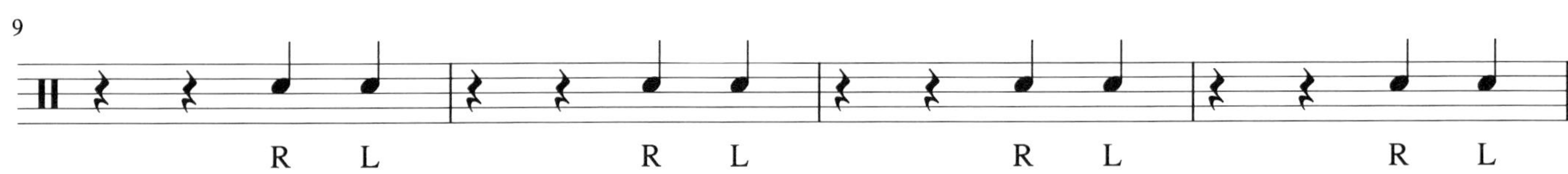

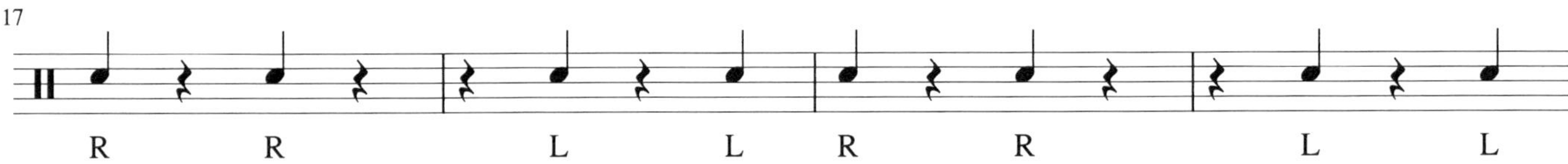

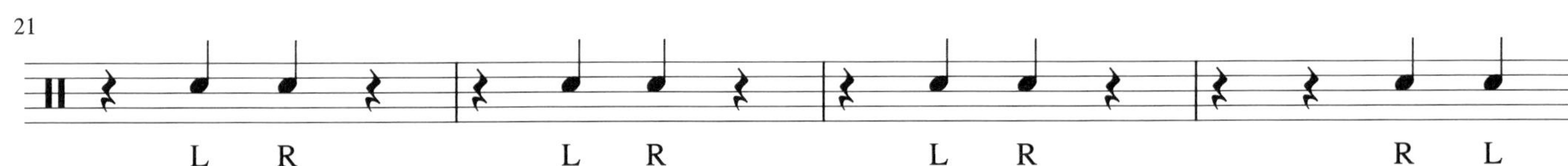

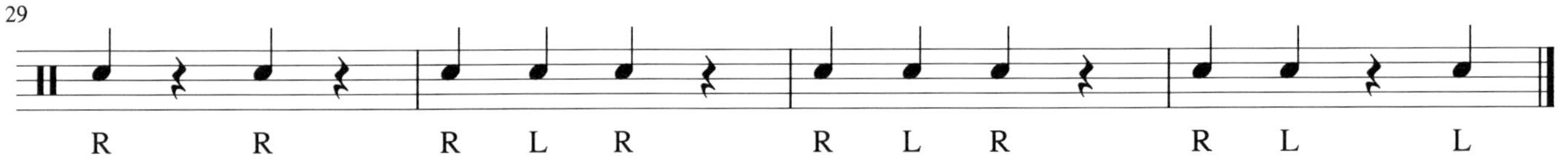

TIP 하이햇(Hi-Hat)편

- 하이햇은 드럼 연주 중에서 많이 연주되는 악기 중 하나이기에 보다 신중하고 차분하게 연습하는 것이 중요하다.

- 빠른 속도로 연주 시 팔을 써서 하이햇을 연주하는 일이 없도록 주의해야 한다.

1. 스틱을 중심부 쪽으로 깊숙이 넣으면 소리가 둔탁해지기 때문에 하이햇 볼륨이 시끄러울 정도로 커질 수 있다.
2. 스틱을 가장자리 쪽으로 너무 빼서 연주하면 스틱을 허공에 헛손질할 수 있기에 주의하도록 하자.
3. 하이햇을 연주할 때 일정한 박자로 연주하고 일정한 소리가 날 수 있도록 연습하자.

중심부 쪽으로 깊이 넣었을 때

(올바르지 않은 예)

가장자리로 뺐을 때

(올바르지 않은 예)

중간 부분을 연주할 때

(올바른 예)

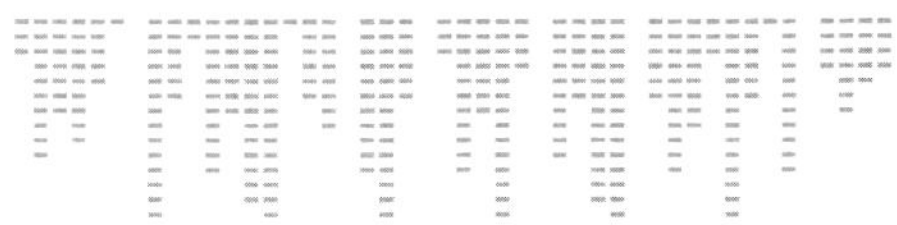

4분음표를 활용하여 4비트 연습하기

• 이전에 했던 음표 연습처럼 한 박자에 한 번씩 연주한다.

1. 하이햇을 오른손을 사용하여 연주해보자.

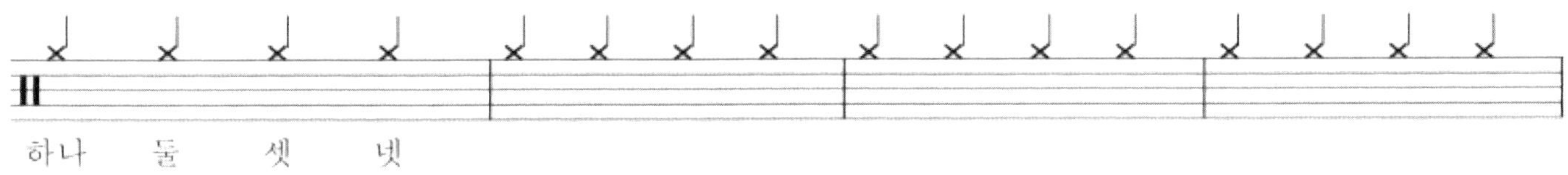

2. 왼손을 사용하여 2, 4박자에 스네어를 연주해보자.

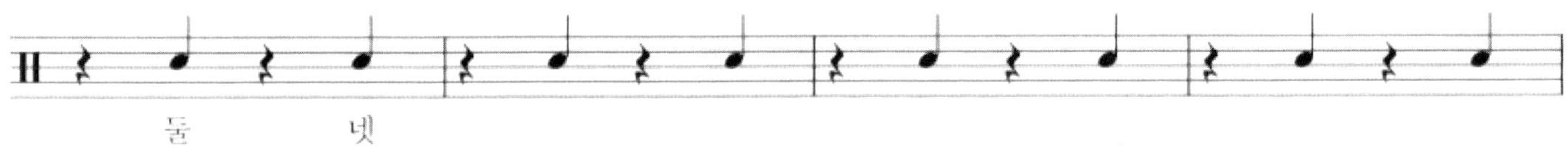

3. 오른발 페달을 사용하여 1, 3번 박자에 베이스 드럼을 연주해보자.

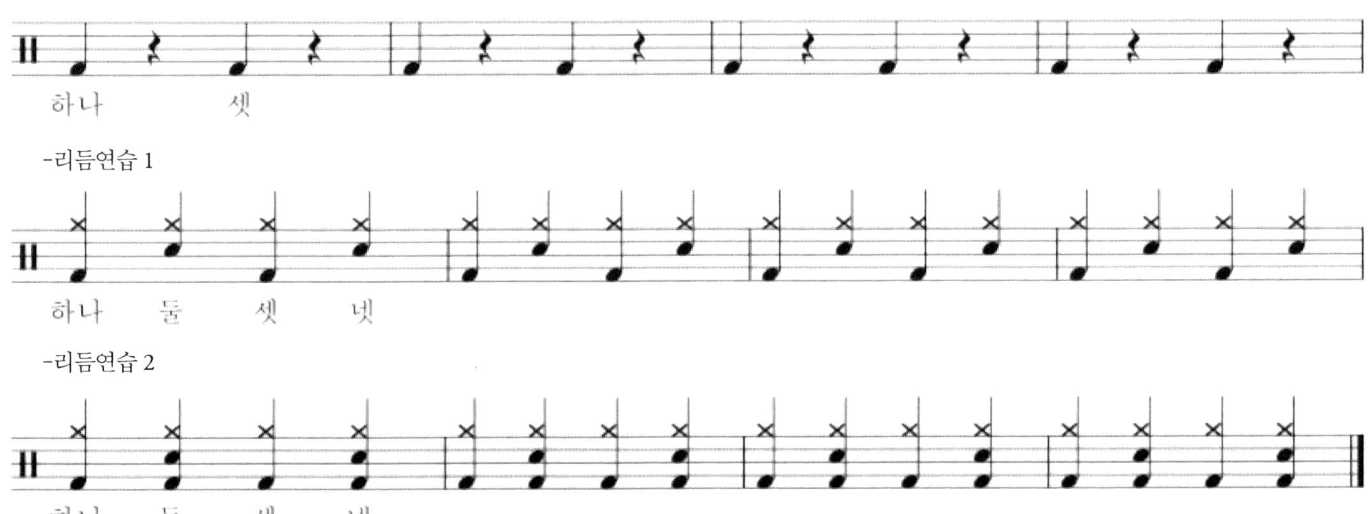

4비트 리듬을 활용하여 노래 연주하기 [상어가족]

• 처음 2번째 줄에 오른발로만 연주하는 것과 각 줄 4번째 마디마다 스네어에서 4분음표를 연주하는 것을 주의하자.

Part 3

8분음표 배우기

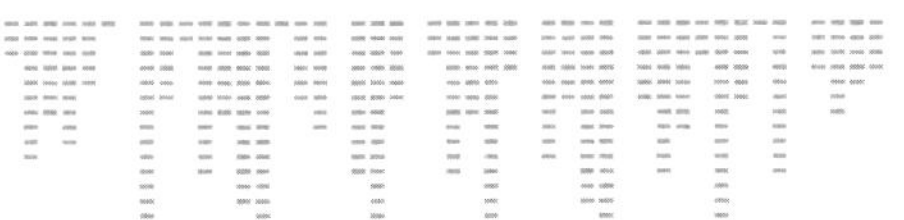

8분음표, 8분쉼표 이해하기

- 8분음표는 4분음표 1개를 치는 시간에 일정한 간격으로 2번을 치는 것을 나타낸다[즉, 8분음표 한 개의 길이는 반 박자를 나타냄].
- 박자를 셀 때에도 [하.나.두.울.세.엣.네.엣]으로 박자를 세며 4박자를 유지해 나가면 수월하게 진행할 수 있다.
- 느린 노래에 맞추어 박수로 연습해보자.

하 나 두 울 세 엣 네 엣

하 나 두 울 세 엣 네 엣

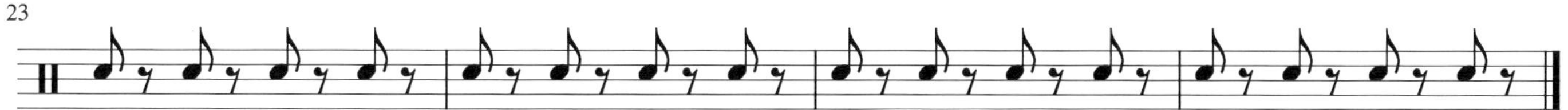

8분음표, 쉼표 연습하기 2

8분음표를 사용하여 8비트 이해하기

- 8비트는 드럼 리듬에서 가장 기본이 되는 리듬으로서 8분음표를 사용하여서 만들어진 리듬이라 하여 8비트라 지칭한다.
- 오른손 8분음표 박자가 흔들리지 않도록 주의하면서 리듬을 친다.
- 오른손 하이햇과 오른발 베이스 드럼이 같이 그려져 있는 경우에는 오른손과 오른발을 동시에 치도록 한다.

-오른손 하이햇

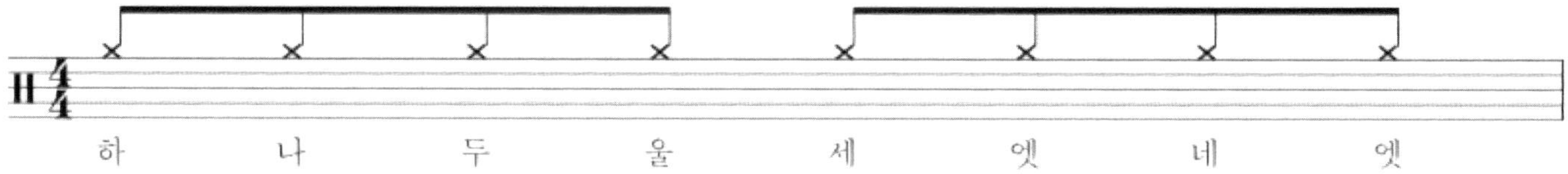

-왼손 스네어

-오른발 베이스 드럼

- 리듬연습 1

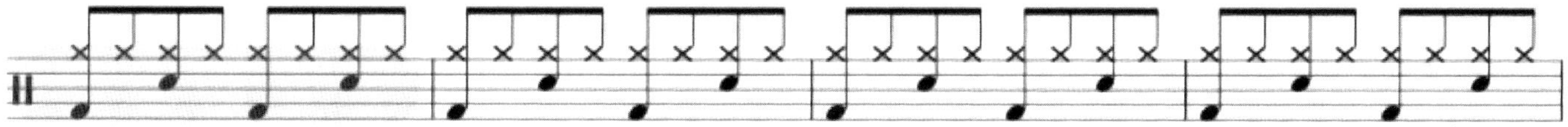

- 리듬연습 2

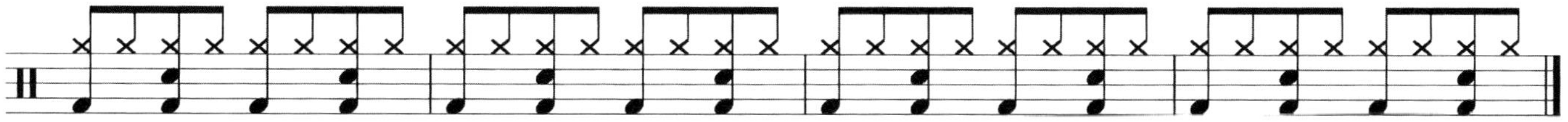

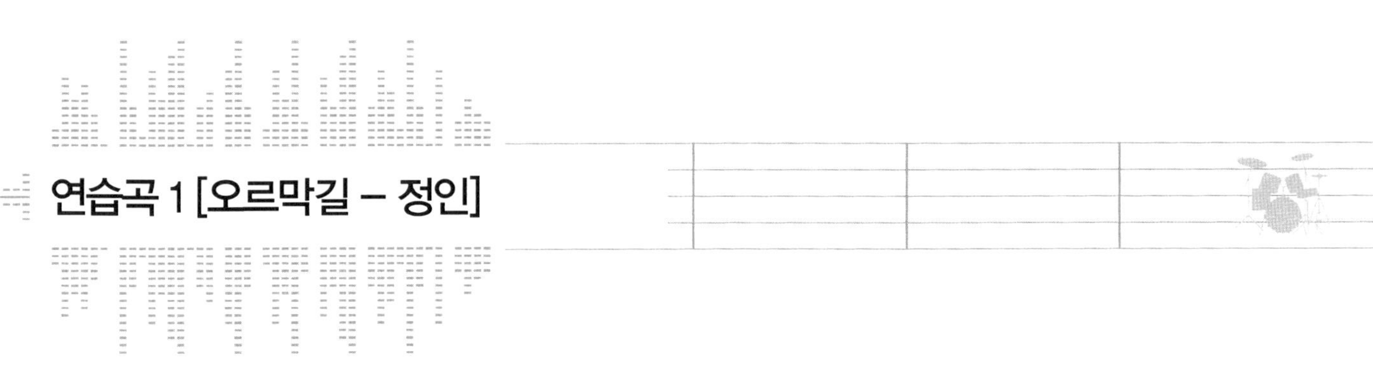

연습곡 1 [오르막길 – 정인]

• 크래시 심벌, 라이드 심벌, 하이햇 변화에 주의하며 연주하기

33
기억해 혹시 우리 손 놓쳐도 절대 당황하고 헤매지 마요
37
더 이상 오를 곳 없는 그 곳은 넓지 않아서 우린 결국엔 만나 오른다면
간주
41
라이드 심벌
45 A
하나 둘 셋 넷
하이햇 심벌 한걸음 이세 한걸음일 뿐 아득한 저 끝은 보지마
49
평온했던 길처럼 계속 나를 바라봐줘 그러면 난 견디 셌어
54 B
사랑해 이 길 함께 가는 그대여 굳이 고된 나를 택한 그대여
라이드 심벌
58
가끔 바람이 불 때만 저 먼 풍경을 바라봐 올라온 만큼 아름다운 우리 길
62
기억해 혹시 우리 손 놓쳐도 절대 당황하고 헤매지 마요
66
더 이상 오를 곳 없는 그 곳은 넓지 않아서 우린 결국엔 만나 크게 소리 쳐 사랑해요 저 끝까지

- 드럼을 연주할 때 악보만 쳐다보고 드럼 연주에 집중하는 것도 중요하지만 연습해야 할 노래를 미리 듣고 난 후 드럼을 연주하는 것이 바람직하다.
- 드럼을 연주할 때 박자와 마디를 세어가며 연주하려고 노력하는 것이 좋다. 박자는 4박자까지 세어가며 1, 2, 3, 4 다시 1, 2, 3, 4박자로 세는 것이 좋으며, 마디 또한 4마디까지 세고 다시 1번 마디를 세는 것이 좋다.

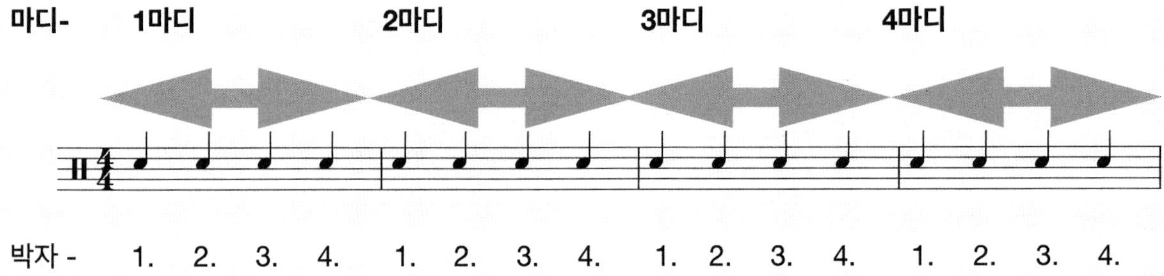

8분음표를 사용하여 필인 연습하기

필인이란?

노래에서 가사 소절이 끝나는 부분 혹은 전체적인 노래 분위기에서 비어 있는 듯한 공간에 드럼이 애드리브 혹은 심벌과 탐을 사용하여 채워주는 것을 의미한다. 보통은 4마디, 8번째 마디에 필인이 들어갈 수 있는 공간이 있다. 연습할 때 4마디 혹은 8마디에 필인을 넣는 연습을 따로 하도록 하자!

〈필인의 예〉

연습곡 2 [좋니 – 윤종신]

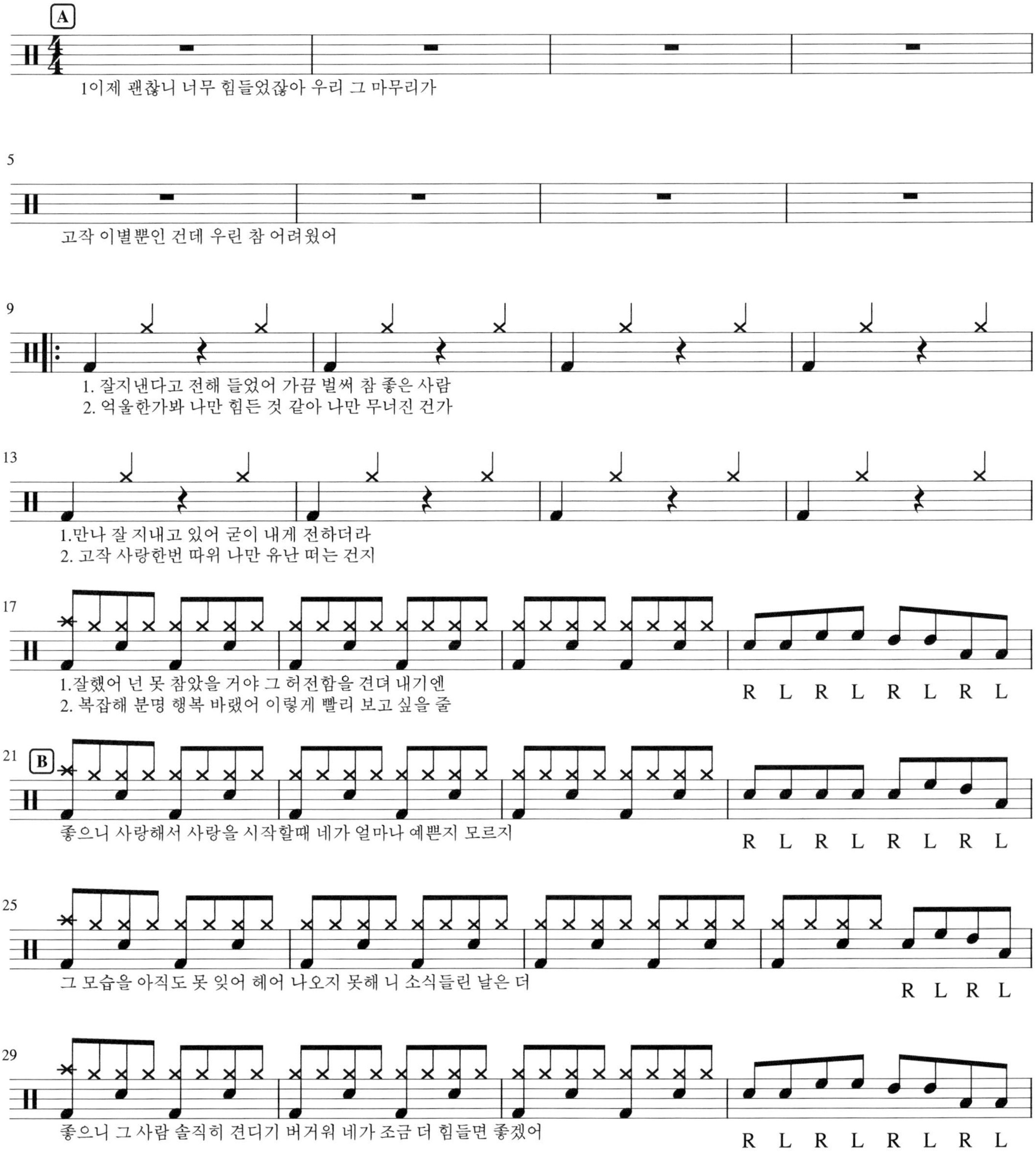
A
1이제 괜찮니 너무 힘들었잖아 우리 그 마무리가
5
고작 이별뿐인 건데 우린 참 어려웠어
9
1. 잘지낸다고 전해 들었어 가끔 벌써 참 좋은 사람
2. 억울한가봐 나만 힘든 것 같아 나만 무너진 건가
13
1.만나 잘 지내고 있어 굳이 내게 전하더라
2. 고작 사랑한번 따위 나만 유난 떠는 건지
17
1.잘했어 넌 못 참았을 거야 그 허전함을 견뎌 내기엔
2. 복잡해 분명 행복 바랬어 이렇게 빨리 보고 싶을 줄
R L R L R L R L
21
B
좋으니 사랑해서 사랑을 시작할때 네가 얼마나 예쁜지 모르지
R L R L R L R L
25
그 모습을 아직도 못 잊어 헤어 나오지 못해 니 소식들린 날은 더
R L R L
29
좋으니 그 사람 솔직히 견디기 버거워 네가 조금 더 힘들면 좋겠어
R L R L R L R L

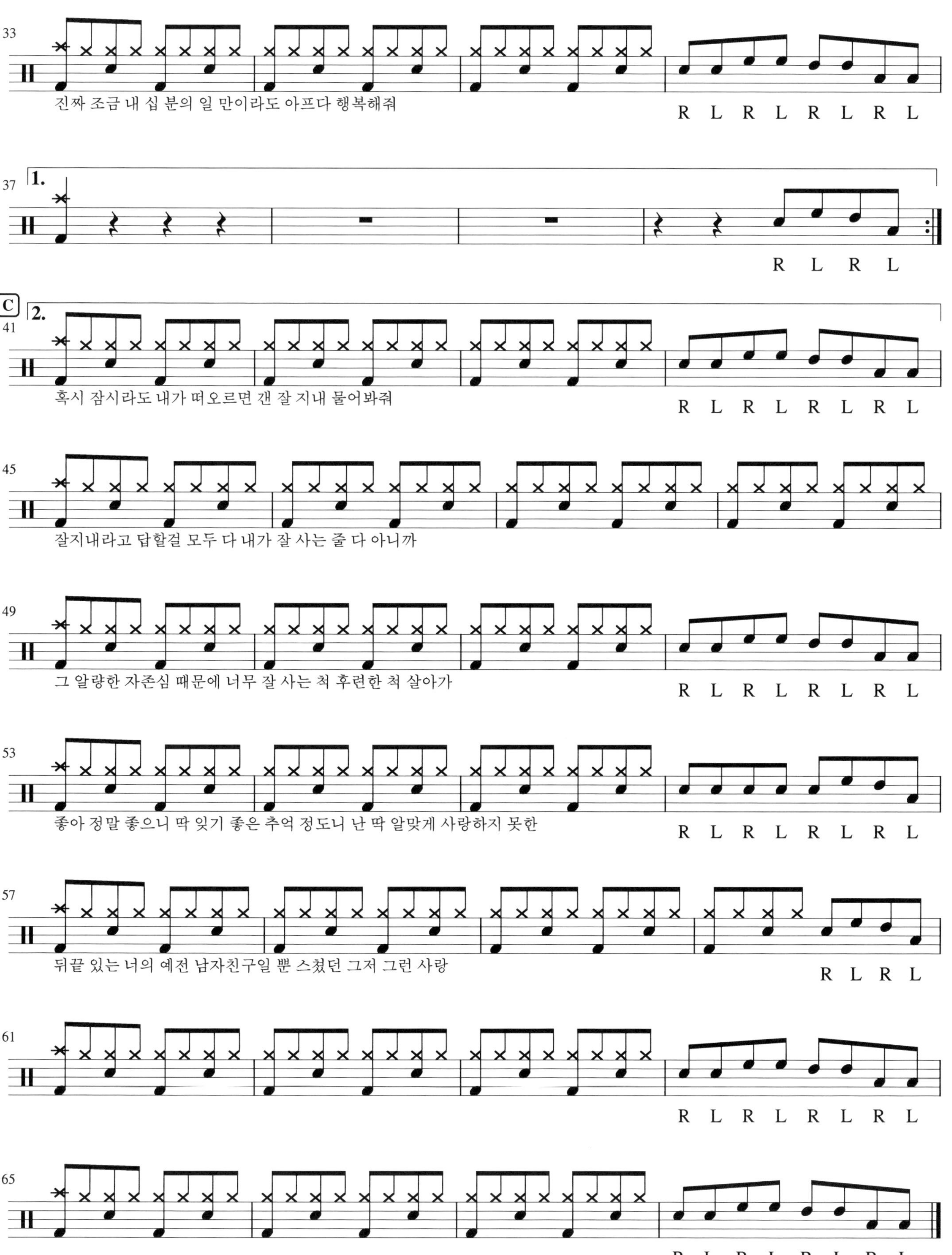

33
진짜 조금 내 십 분의 일 만이라도 아프다 행복해줘
R L R L R L R L

1.
37
R L R L

C 2.
41
혹시 잠시라도 내가 떠오르면 갠 잘 지내 물어봐줘
R L R L R L R L

45
잘지내라고 답할걸 모두 다 내가 잘 사는 줄 다 아니까

49
그 알량한 자존심 때문에 너무 잘 사는 척 후련한 척 살아가
R L R L R L R L

53
좋아 정말 좋으니 딱 잊기 좋은 추억 정도니 난 딱 알맞게 사랑하지 못한
R L R L R L R L

57
뒤끝 있는 너의 예전 남자친구일 뿐 스쳤던 그저 그런 사랑
R L R L

61
R L R L R L R L

65
R L R L R L R L

연습곡 3 [봄날은 간다 – 김윤아]

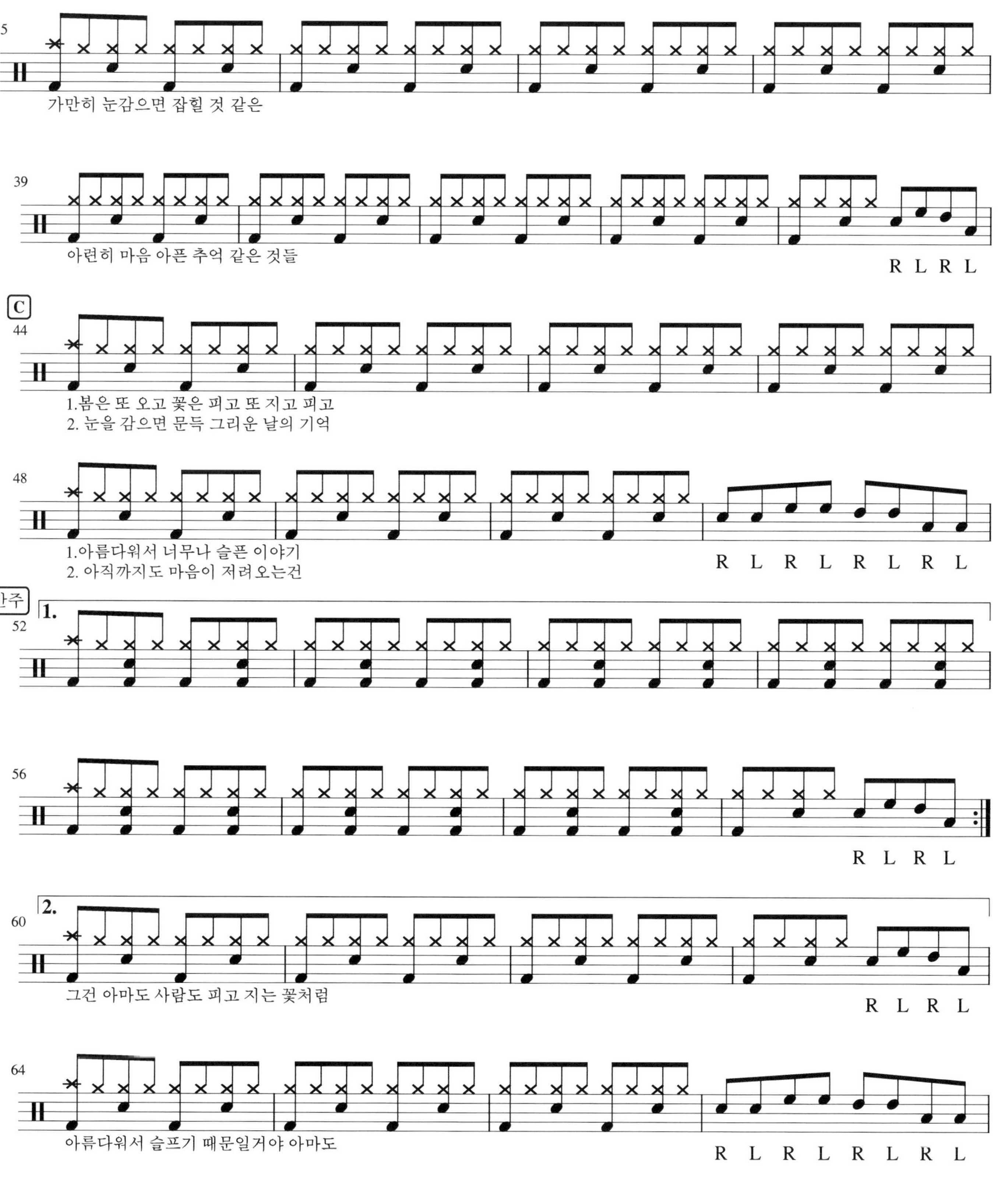

가만히 눈감으면 잡힐 것 같은
아련히 마음 아픈 추억 같은 것들
R L R L
1.봄은 또 오고 꽃은 피고 또 지고 피고
2. 눈을 감으면 문득 그리운 날의 기억
1.아름다워서 너무나 슬픈 이야기
2. 아직까지도 마음이 저려오는건
R L R L R L R L
그건 아마도 사람도 피고 지는 꽃처럼
R L R L
아름다워서 슬프기 때문일거야 아마도
R L R L R L R L

- 도돌이표란 일정한 구간 혹은 일정한 박자를 다시 돌아가 한 번 더 똑같은 마디를 연주하는 것으로서 표기
  는 다음과 같이 한다.

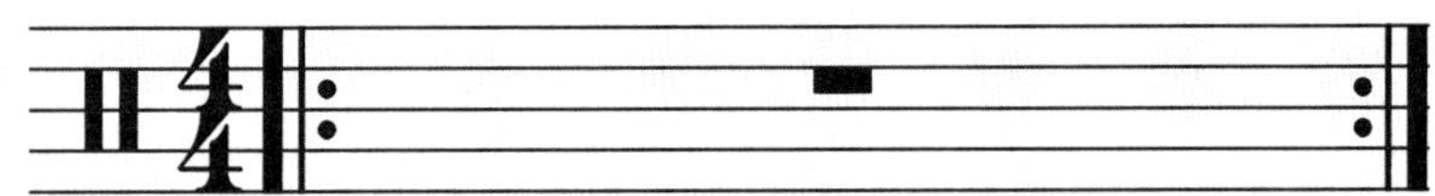

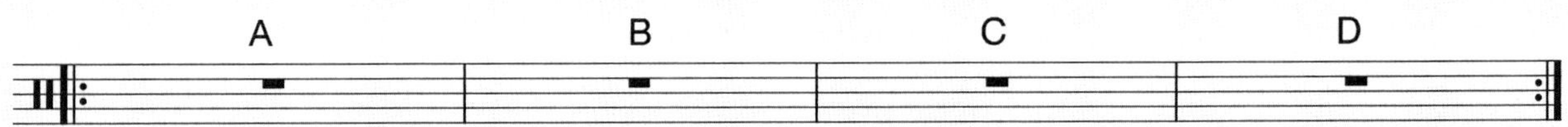

위의 그림과 같이 도돌이표가 나와 있는 경우에는 A-B-C-D를 연주한 후
또다시 A-B-C-D를 한 번 더 연주한 후 다음 마디로 연주를 이어가면 된다.

위의 그림과 같이 나와 있는 경우에는 A-B-C-D를 연주한 후
두 번째 연주 때는 A-B-C-E를 연주해야 한다.
첫 번째 연주 때는 1번 가로를 두 번째 연주 때는 2번 가로의 마디를 연주해야 한다.

Part 4

8비트 베이스 드럼 변형 배우기

8비트 베이스 드럼 변형 연습하기

– 좋은 예

라이드 심벌은 하이햇을 연주할 때와 같은 손 모양
으로 라이드 심벌의 중간부분 혹은 중간에서 조금
아랫부분을 연주하는 것이 좋다.

– 나쁜 예

라이드 심벌의 끝부분을 연주하게 된다면 허공에
스틱을 휘둘러 스틱을 놓치는 현상이 나타날 수 있
으니 주의하자.

– 나쁜 예

라이드 심벌의 위쪽 혹은 볼록 튀어나와 있는 벨
(Bell) 부분을 연주하게 되면 평상시 우리가 듣던
라이드 심벌의 소리가 안 날 수 있으니 피하는 것
이 좋다.

연습곡 1 [그라데이션]

원곡 : 10cm
템포 - 104
전주
1절
1.
2.
밤은 다시 길고 깊어졌네 나는 점점 너로 잠 못 들게 돼
글로 적어내긴 어려운 이 기분을 너도 느꼈으면 좋겠는데
너는 아무 생각 없이 몇 번 나를 지나가며 웃은 거라지만
나의 하얀 옷에 너의 잉크가 묻어 닦아낼 수 없을 만큼 번졌네
RL RL RL R
후렴
달콤한 색감이 물들어 조금씩 정신을 차렸을 땐 알아볼 수도 없지
가득 찬 마음이 여물다 못해 터지고 있어 내일은 말을 걸어봐야지
R R R R
간주
라이드심벌
R L R L
2절
요즘 노랜 뭔가 맘에 안 들어 네게 불러 주기엔 좀 어려워서

나름 며칠 밤을 새워 연습했지만 네게 들려주기엔 무리인 것 같아
너는 번질수록 진해져 가고 나의 밤은 좀 더 길고 외롭지만

하루종일 떠오르는 너의 얼굴은 방을 가득 채워 무지개같이

달콤한 색감이 물들어 조금씩 정신을 차렸을 땐 알아볼 수도 없지

가득 찬 마음이 여물다 못해 터지고 있어 내일은 말을 걸어봐야지

바람을 맞고 빗물에 젖어 나의 색감도 흐려지겠지만

너는 항상 빛에 반짝일 테니까

멋진 말들을 전하지 못하고
아무도 관심 없는 그림이 되겠지만

달콤한 색감은 감추지 못해 터지고 있어
내일은 말을 걸어봐야지

연습곡 2 [본능적으로 – 윤종신]

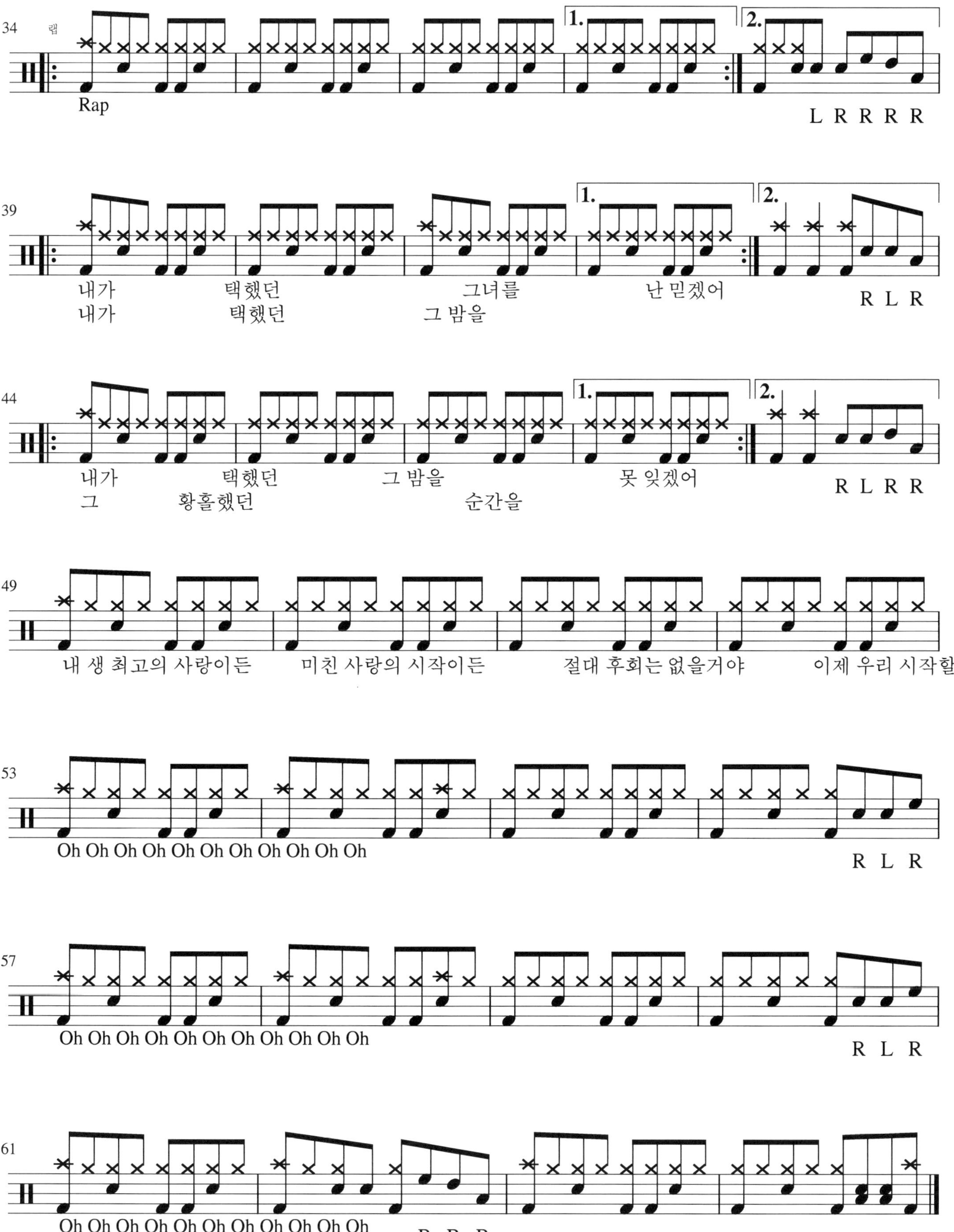

Rap
L R R R R
내가   택했던   그녀를   난 믿겠어
내가   택했던   그 밤을
R L R
내가   택했던   그 밤을   못 잊겠어
그   황홀했던   순간을
R L R R
내 생 최고의 사랑이든   미친 사랑의 시작이든   절대 후회는 없을거야   이제 우리 시작할
Oh Oh Oh Oh Oh Oh Oh Oh Oh Oh Oh
R L R
Oh Oh Oh Oh Oh Oh Oh Oh Oh Oh Oh
R L R
Oh Oh Oh Oh Oh Oh Oh Oh Oh Oh Oh
R R R

연습곡 3 [물어본다 – 이승환]

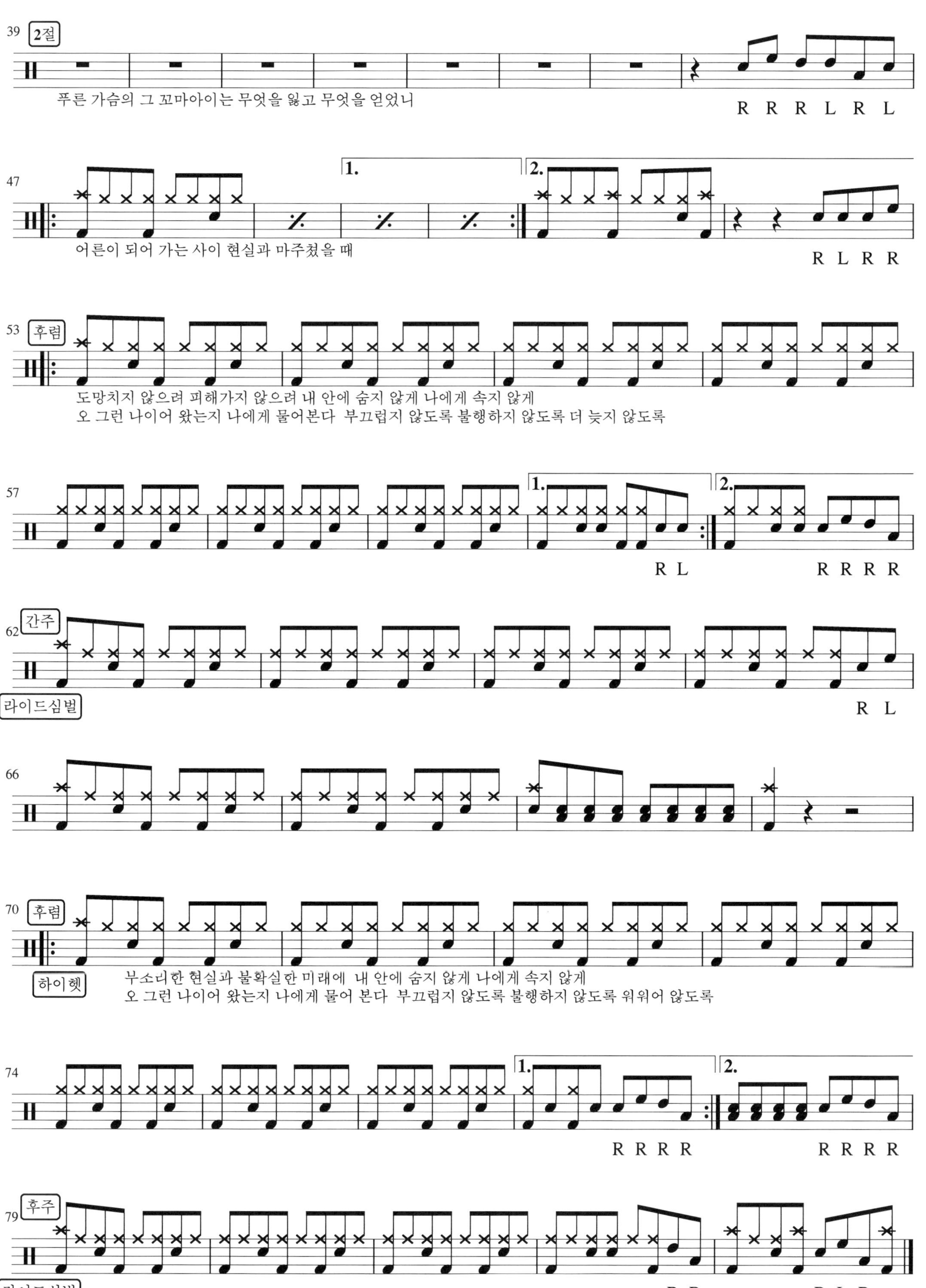

39 2절
푸른 가슴의 그 꼬마아이는 무엇을 잃고 무엇을 얻었니
R R R L R L

47 1. 2.
어른이 되어 가는 사이 현실과 마주쳤을 때
R L R R

53 후렴
도망치지 않으려 피해가지 않으려 내 안에 숨지 않게 나에게 속지 않게
오 그런 나이어 왔는지 나에게 물어본다 부끄럽지 않도록 불행하지 않도록 더 늦지 않도록

57 1. 2.
R L R R R R

62 간주
라이드심벌
R L

66

70 후렴
하이헷
부소리한 현실과 불확실한 미래에 내 안에 숨지 않게 나에게 속지 않게
오 그런 나이어 왔는지 나에게 물어 본다 부끄럽지 않도록 불행하지 않도록 위워어 않도록

74 1. 2.
R R R R R R R R

79 후주
라이드심벌
R R R L R

- 베이스 드럼 페달은 기본적으로 발로 밟을 수 있는 발판이 있고 베이스 드럼을 직접적으로 타격하는 비터가 있다.
- 페달과 비터의 연결고리 역할을 하는 체인과 페달이 전반적으로 움직일 수 있도록 가장 큰 역할을 하는 용수철이 페달 옆에 달려 있는 것을 볼 수 있다.

Q. 용수철의 장력이 높으면 어떤 일이 벌어질까요?

A. 용수철의 장력이 높아지면 페달을 밟을 때 무거워진 것 같은 느낌을 받는다. 페달의 발판을 밟고 발을 페달에서 떼면 발판이 보다 빠르게 원위치로 돌아오는 것을 볼 수 있다.

Q. 그렇다면 장력이 높은 게 좋은 건가요?

A. 장력은 개인마다 편차가 있지만 너무 높게 설정해놓는 것은 불편함을 초래할 수 있다. 너무 발판이 빠르게 원위치로 돌아오려고 하는 것은 불편함을 만들어낼 수 있기에 자신에게 적당한 정도의 장력을 설정 후 사용하시는 것이 좋다.

Q. 비터는 베이스 드럼의 어느 부분을 타격하는 것이 좋은가요?

A. 비터는 베이스 드럼의 중간부분 혹은 중간에서 약간의 아랫부분이 닿을 수 있도록 세팅하시는 것이 좋다.

베이스 드럼 연습하기 1

- 메트로놈에 맞추어 템포 60에서부터 시작하여 최대한 빠른 속도까지 템포를 올리면서 연습하는 것이 효과적이다.
- 베이스 드럼 페달을 밟을 때에는 밟고 난 후 비터를 베이스 드럼에서 떨어뜨려 놓은 상태에서 밟는 방법과 계속 비터를 베이스 드럼에 붙여 놓은 상태 두 가지가 있다.
- 만약 당신이 초보자라면 비터를 베이스 드럼에 붙이고 있는 것을 추천한다. 비터를 베이스 드럼에서 떨어뜨린 상태로 발을 들고 있는 상태가 되면 무게중심이 무너져서 드럼을 연주하는 데 불편하다.

Part 5

16분음표 배우기

- 16분음표는 4분음표 1개를 치는 시간에 일정한 간격으로 4번을 치는 것을 의미한다(즉, 8분음표를 2개씩으로 더 나눈 것으로 생각해도 무방하다).
- 박자를 셀 때도 [원 – 이 – 엔– 아]와 같은 방식으로 읽는다.
- 16분음표 연습을 할 때는 메트로놈과 같이 연습하고 정박자에 오른손이 쳐질 수 있도록 연습하자.

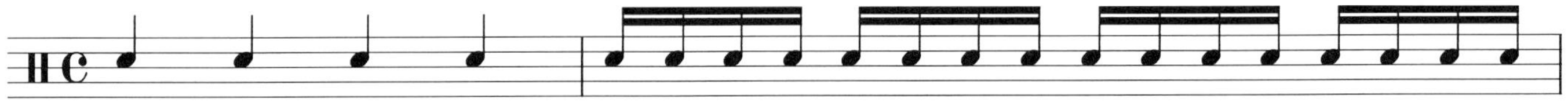

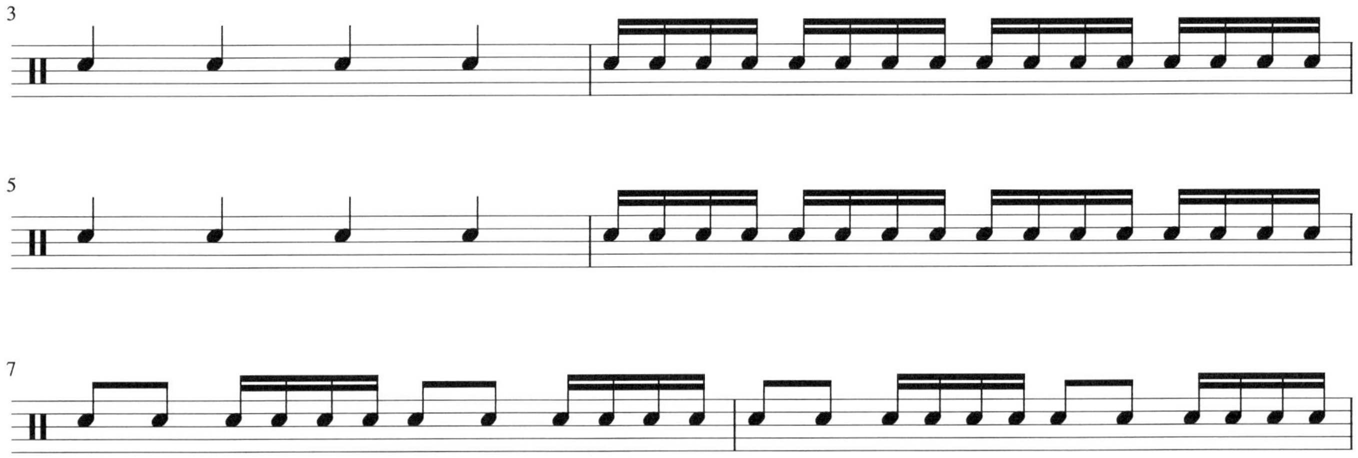

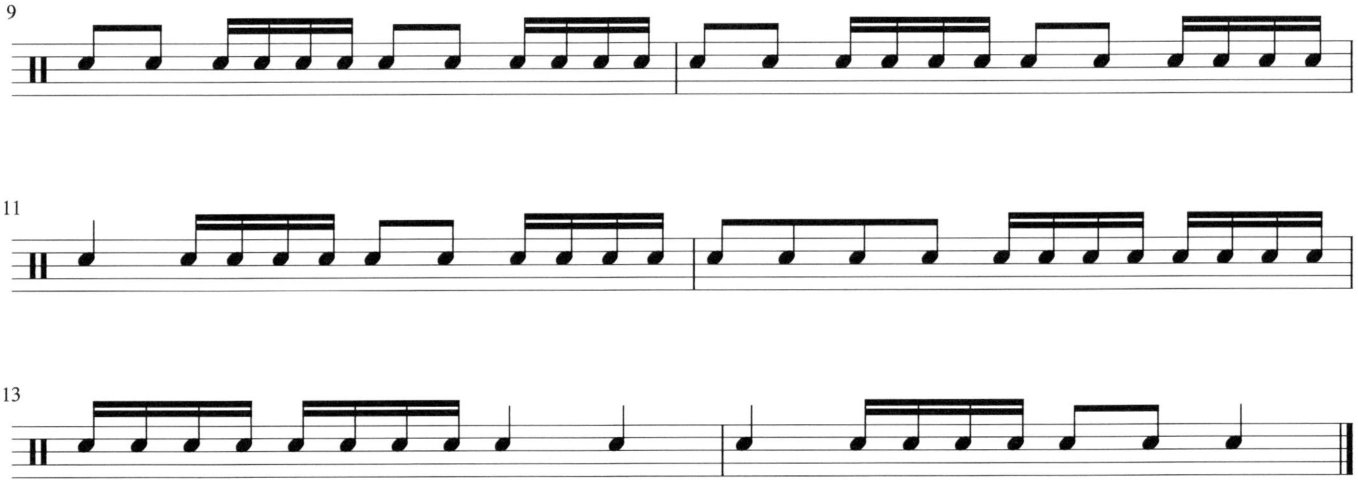

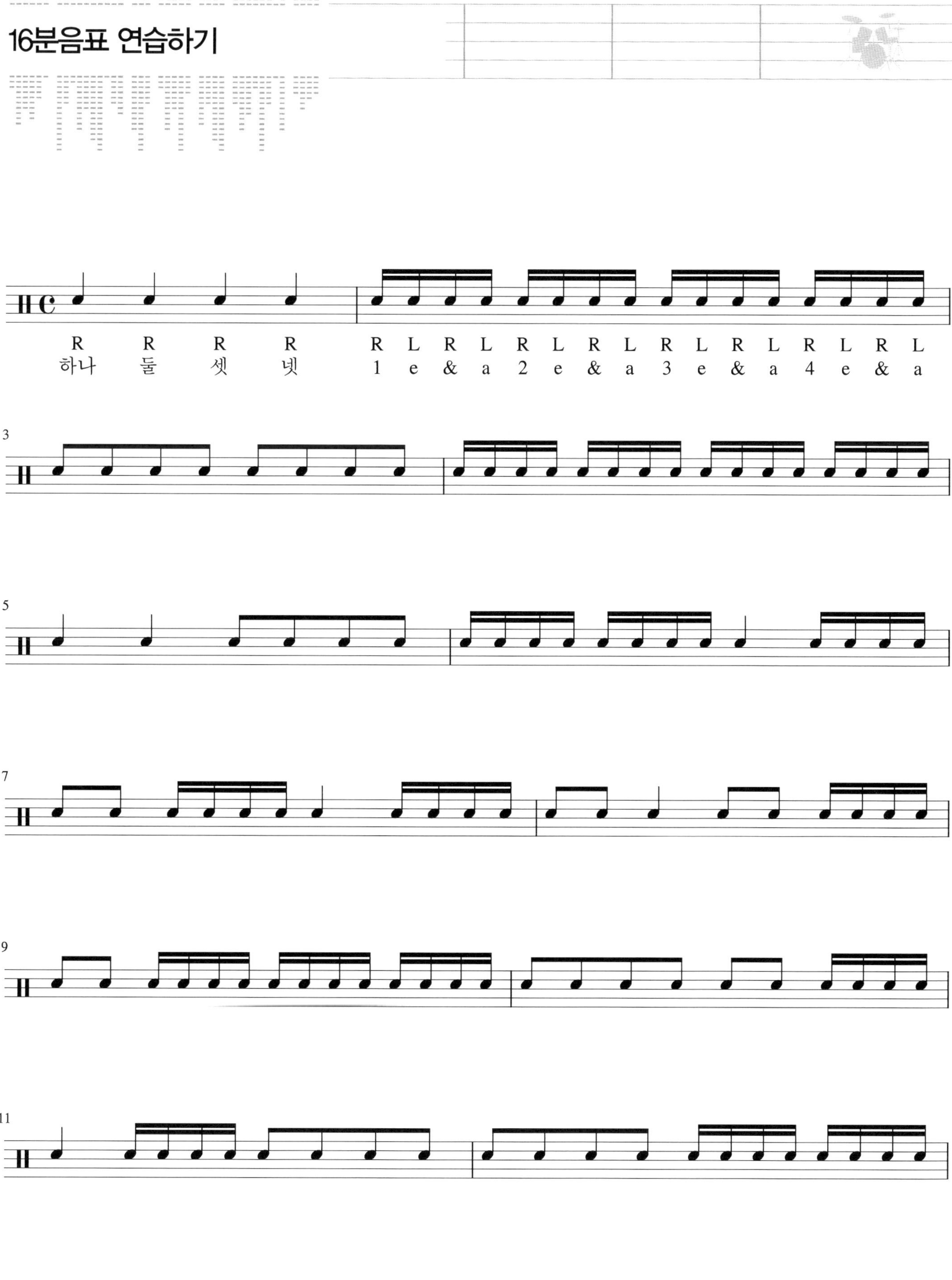
R R R R R L R L R L R L R L R L R L R L
하나 둘 셋 넷 1 e & a 2 e & a 3 e & a 4 e & a
3
5
7
9
11
13

- 드럼은 리듬악기로서 박자를 맞추고 리듬을 만들어서 노래에 흐름을 만들어주는 역할을 하는 악기이다. 그러다 보니 멜로디와 박자를 같이 생각하기보다는 리듬과 박자, 그리고 멜로디는 따로 구분해서 생각하는 것이 좋다.

- 예를 들어 박자를 다루는 드럼은 노래에 감정을 싣고 연주하기보다는 정확한 박자 안에서 연주가 되는 것에 더욱 집중해야 한다. 하지만 노래를 부르는 보컬은 가사 내용에 심취해 감정을 넣어서 같은 음표를 조금 더 뒤로 미뤄서 부를 수도 있고, 앞으로 당겨서도 부를 수 있다. 즉, 조금 유동적이라는 것.

- 그래서 드럼을 연주하는 동안에 첫 박자에 어떤 가사가 나와야 하는지 계산하고 집중해서 듣기보다는 박자만 생각하여 연주에 집중하는 것이 더욱 좋다!

16분음표 필인으로 사용하기

- 1, 2, 3, 4 정박자에 항상 오른손이 먼저 시작할 수 있도록 연습하자.

필인연습 1

필인연습2

필인연습3

필인연습4

탐 옮겨 다니는 연습하기

- 탐을 옮겨 다니는 연습에는 R, L로 표기된 손 모양이 나와 있지 않다.
- 악보를 보며 탐을 옮겨 다니는 연습을 하면 악보를 보는 능력이 향상되고 복잡한 악보를 볼 때도 헷갈림이 줄어들 것이다.
- 드럼 실력이 좋아졌을 때 악보를 보는 것으로 인하여 스트레스를 받을 수 있으니, 꼭 자주 연습하도록 하자.

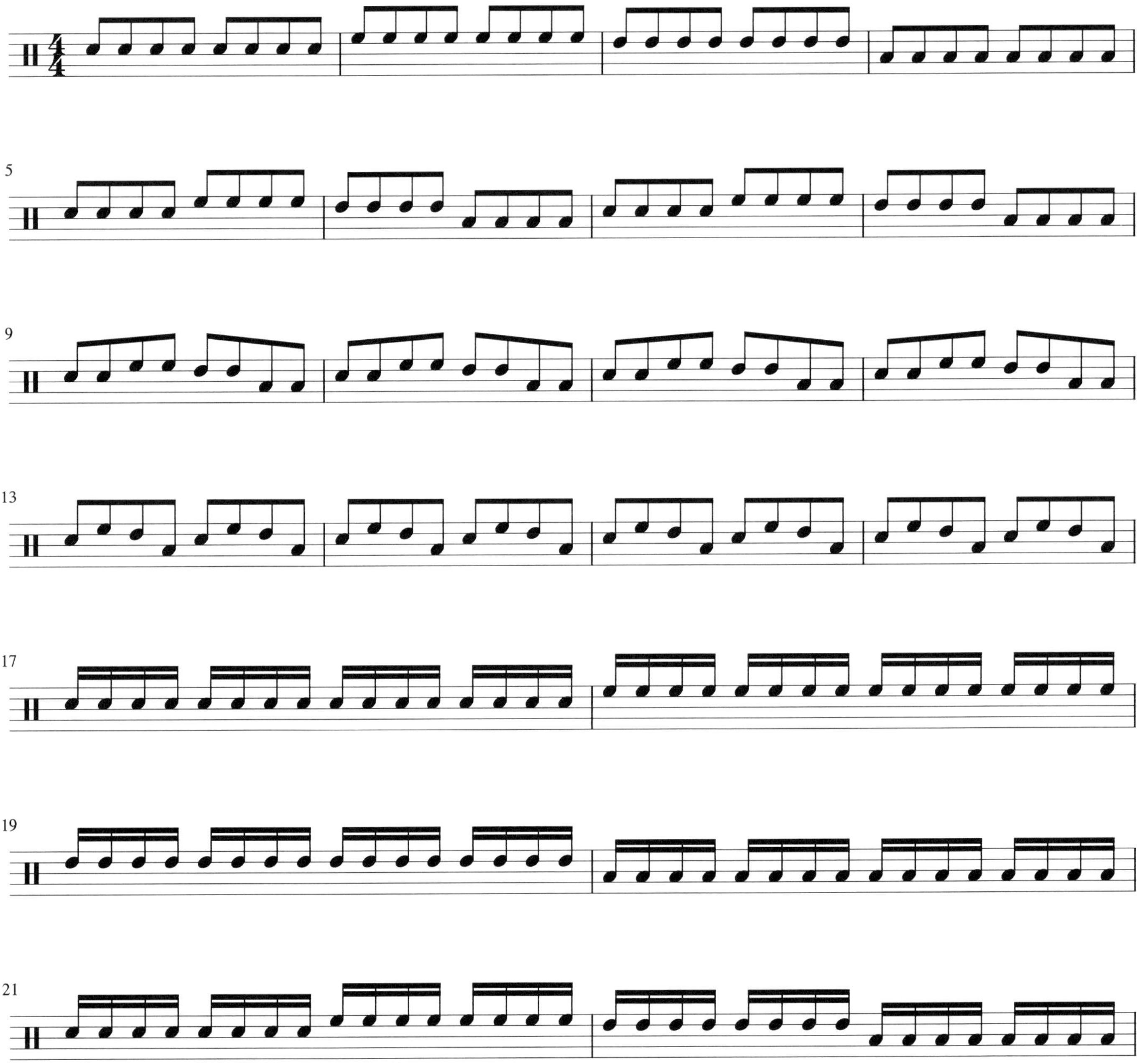

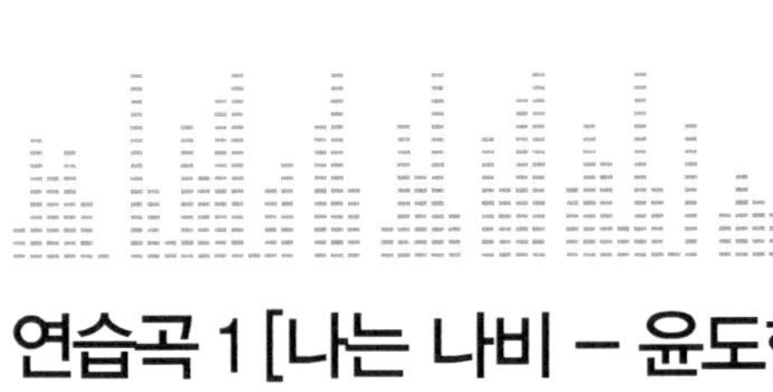

연습곡 1 [나는 나비 – 윤도현]

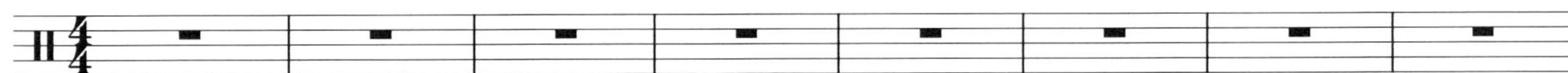

INTRO

9 A

내 모습이 보이지 않아 앞길도 보이지 않아
살이 터져 허물 벗어 한 번 두 번 다시

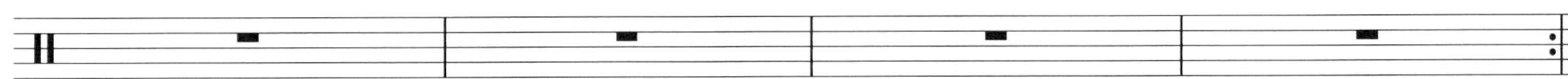

13

나는 아주 작은 애벌레
나는 상처 많은 번데기

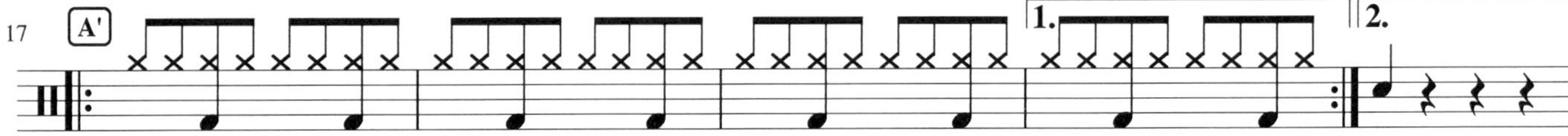

17 A'

추운 겨울이 다가와 힘겨울지도 몰라
봄바람이 불어오면 이제 나의 꿈을 찾아 날아

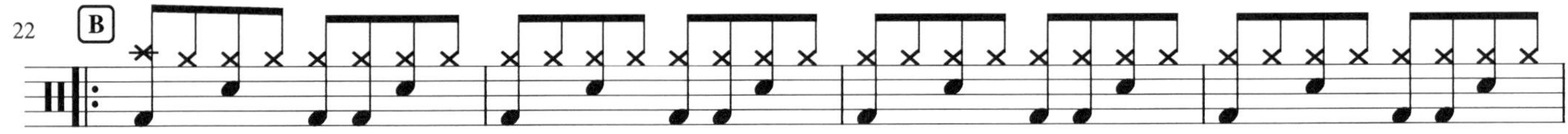

22 B

날개를 활짝 펴고 세상을 자유롭게 날거야

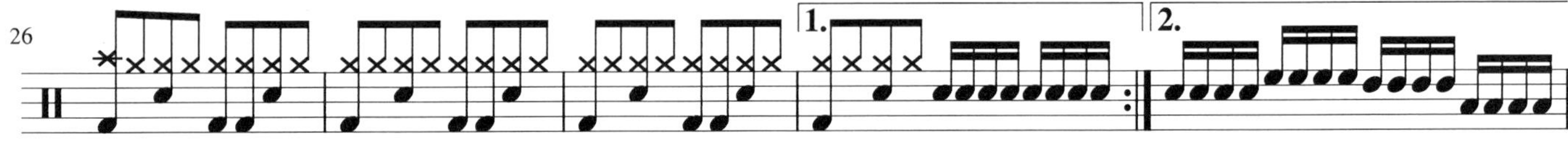

26

노래하며 춤추는 나는 아름다운 나비

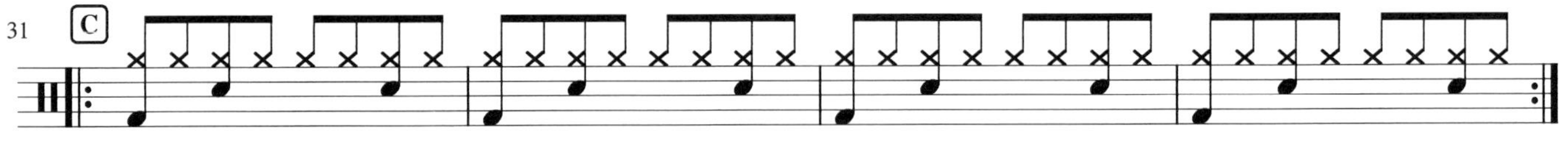

31 C

거미줄을 피해 날아 꽃을 찾아 날아
사마귀를 피해 날아 꽃을 찾아 날아

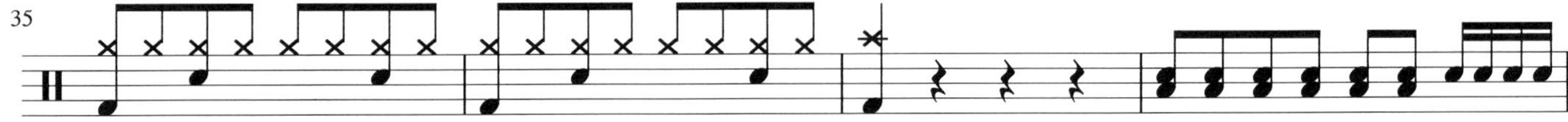

35

꽃들의 사랑을 전하는 나비

날개를 활짝 펴고 세상을 자유롭게 날거야
노래하며 춤추는 나는 아름다운 나비
날개를 활짝 펴고 세상을 자유롭게 날거야
노래하며 춤추는 나는 아름다운 나비
날개를 활짝 펴고 세상을 자유롭게 날거야 노래하며 춤추는 나는 아름다운 나비
워우워워워 우우우 워우워어어어 워우워어 우우 워우워워어어 워어
워우워워워 우우우 워우워어어어 워우워어 우우 워우워워어어 워어

A
나는 사랑이 어떻게 이뤄지는지 연구 했지
여러가지 상황의 수를 계산해 봤지 그땐 내가 좀 못생겨서 흑흑
B
니가 좋아하는 노랠 알아내는 것은 필수
가성이 많이 들어가서 마이크 조절이 굉장히 조심스러웠었지
그렇게 노래방으로 가서 그녀가 좋아하는 노랠해
무심한척 준비안한 척 노랠 불렀네 어어
그렇게 내가 노랠 부른뒤 그녀의 반응을 상상하고
좀더 잘 불러볼걸 노랠 흥얼거렸네
간주
A
사랑때문에 노랠 연습하는건 자연의이치
날으는 새들도 모두 사랑노래 부르는게 뭔가 가능성만 열어준다면
근데 그년 남자친구가 있었지 그것은 내 실수
그 후로 혼자 노래방에서 복잡한 맘을 달랬네 몇 달을 혼자 노래방에 갔는지
B
그렇게 노래방에 취미가 되고 그녀가 좋아하는 노랠해
괜찮은 척 안 슬픈 척 노랠 불렀네 어어

그렇게 내가 노랠 부른뒤 우연히 집에 가려 하는데
갑자기 그녀가 노래방에 가자 하네
그렇게 나는 그녀를 따라 걸어보지만 괜찮은 척 사실 난 너무 많이 떨려요
그녀 아무렇지 않아도 나는 아무렇지 않지 않아요
근데 그녀는 나를 바라보고는 자기도 지금 아무렇지 않지 않대요
무슨말이냐고 물어보네
그렇게 노래방을 나오고 그녀를 집에 데려다 준뒤
무슨일 인가 괜찮은건가 멍해버렸네 어어
핸드폰도 없는늦은 새벽 집에서 계속 잠은 안오고
그녀가 좋아하던 노랠 흥얼거렸네
그녀가 좋아하던 노랠 흥얼 거렸네

TIP 음표와 메트로놈

메트로놈이란?

• 템포, 즉 박자의 속도를 나타내주는 장비로서 드럼을 치는 사람이라면 초보자에서부터 프로드러머에 이르기까지 모두가 메트로놈과 연습해야 하고 또한 하나쯤은 지니고 있어야 한다. 요즘에는 휴대폰 어플리케이션으로도 많이 나와 있으므로 더욱 구비하기 쉬워졌다.

• 메트로놈은 일정한 박자를 소리 또는 화면으로 확인함으로써 드러머가 리듬과 박자를 연주하는 데 일정하게 연주를 하고 유지, 지속할 수 있도록 도와준다.

• 메트로놈의 속도는 60을 기준으로 사용하는데 60은 우리의 일상 시계의 1초와 같다. 템포를 60에 두고 소리가 한 번씩 삑, 삑, 삑 나는 것은 1초에 한 번씩 울리는 것으로 참고해두면 좋다.

• 메트로놈은 템포 60에서부터 각자가 필요한 템포까지 속도를 올리거나 내려가며 사용하여야 한다.

메트로놈과 음표 연습하기

• 메트로놈을 기본 속도인 60에 4분음표로 소리가 나도록 설정해 놓고 4분음표, 8분음표, 16분음표에 이르기까지 번갈아가며 패드 혹은 드럼에서 음표 연습을 먼저 연습하도록 한다.

• 교재 혹은 다양하게 연습해야 할 분량이 있다면 꼭 메트로놈과 함께 연습하도록 한다.

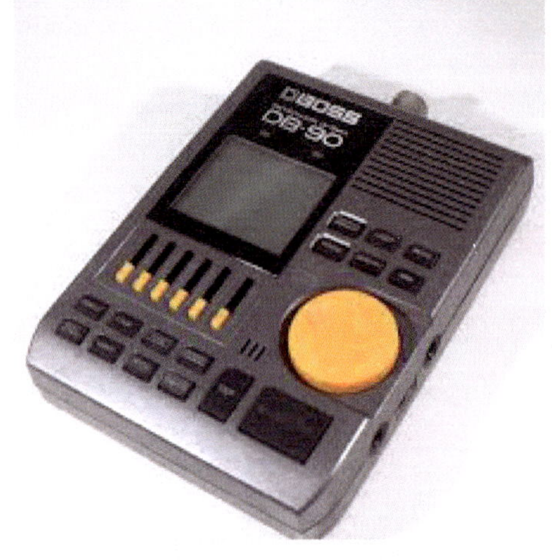

Part 6

8분음표와 16분음표 사용하기

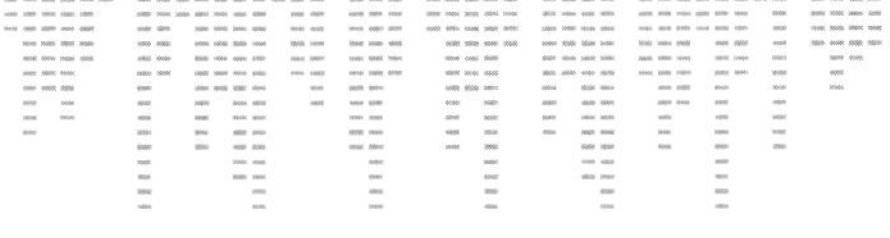

R L R L R L R L R L R L R L R L R L R L R L R L

3
R L R L R L R L R L R L R L R L R L R L R L R L

5
R L R L R L R L R L R L R L R L R L R L R L R L

7
R L R L R L R L R L R L R L R L R L R L R L R L

9
R L R L R L R L R L R L R L R L R L R L R L R L R L R L

11
R L R L R L R L R L R L R L R L R L R L R L R L R L R L

13
R L R L R L R L R L R L R L R L R L R L R L R L R L

R L R L R L R L R L R L R R R L R L R R R L R L

R L R L R L R L R L R L R L R L R L R L R L R L

R L R L R L R L R L R L R L R L R L R L R L R L R L

R L R L R L R L R L R L R L R L R L R L R L R L

R L R L R L R L R R R L R L R L R L R L R L R L R L R L

R L R L R L R L R L R L R L R L R L R L R L R L R L

R L R L R L R L R L R L R L R L R L R L R L R L

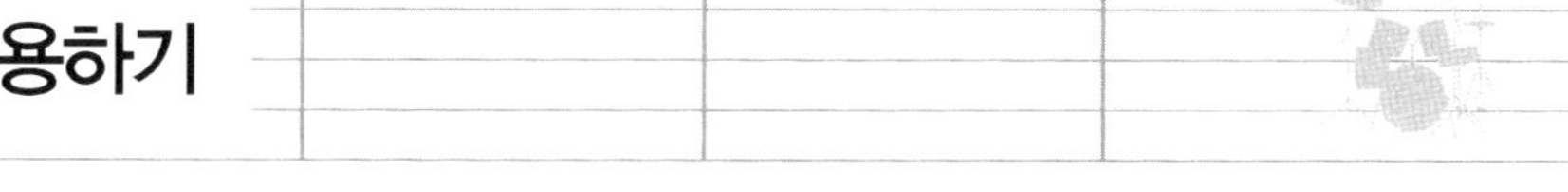

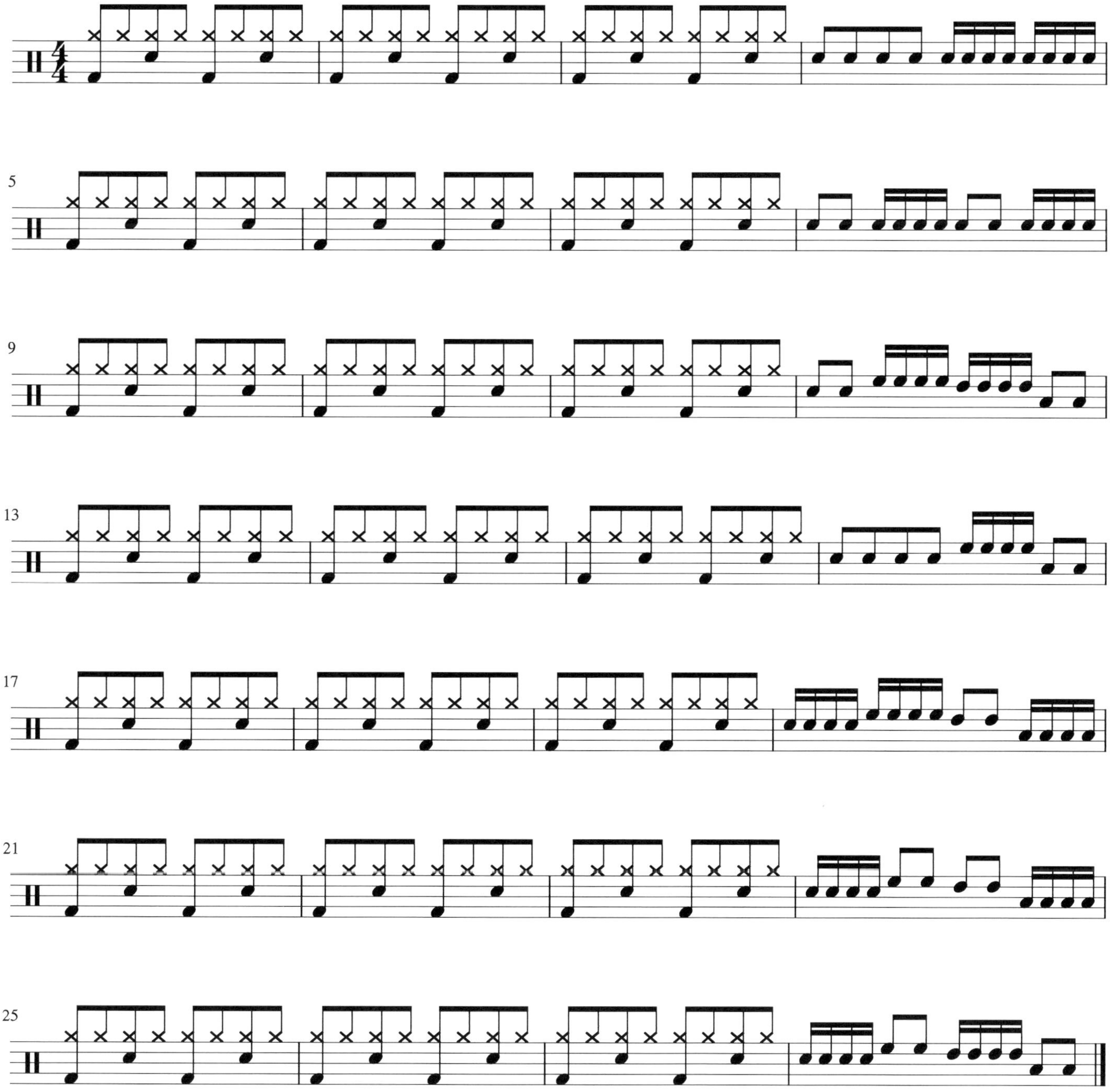

연습곡 1 [슬픈 표정 말아요 – 신해철]

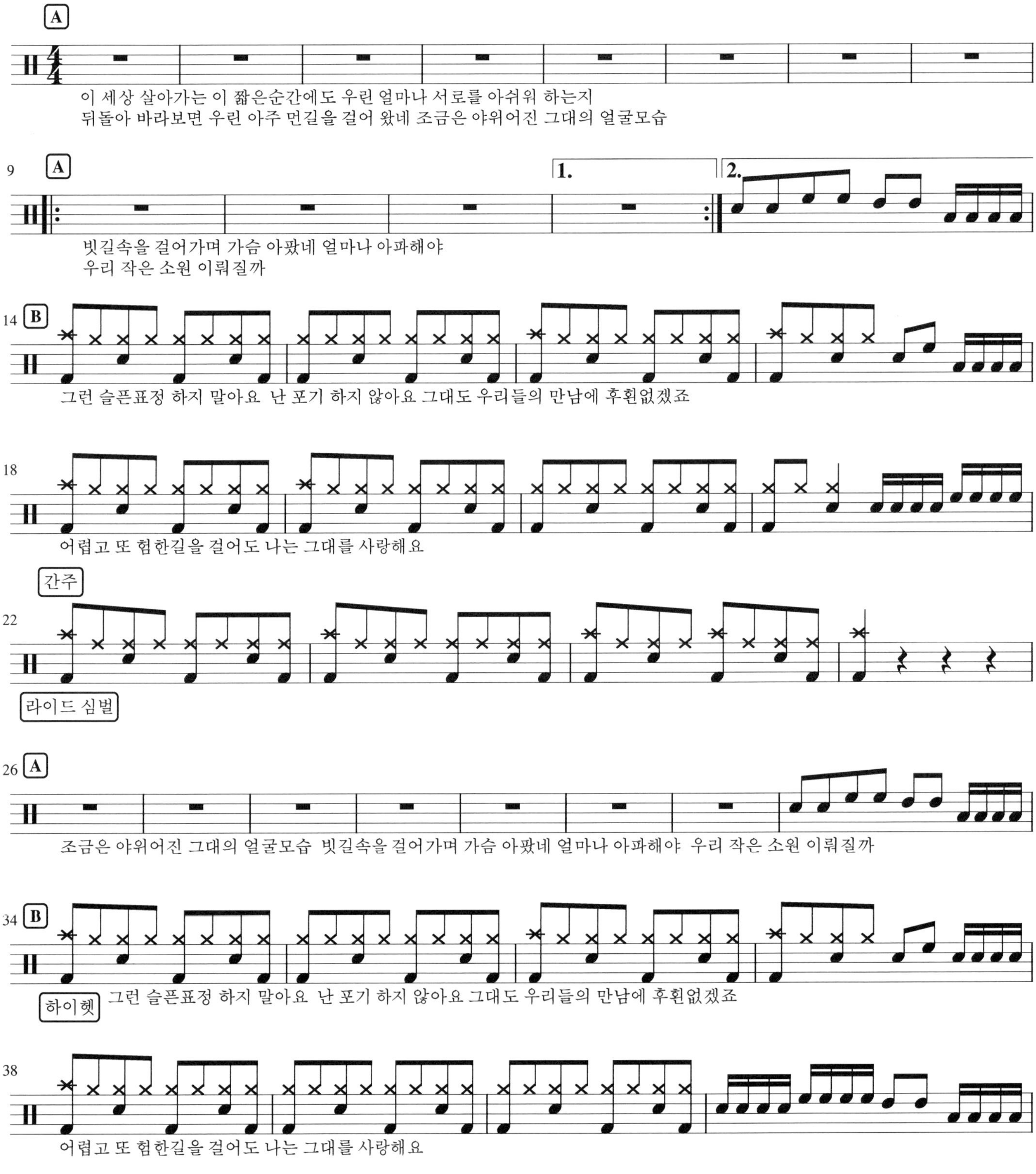

A
이 세상 살아가는 이 짧은순간에도 우린 얼마나 서로를 아쉬워 하는지
뒤돌아 바라보면 우린 아주 먼길을 걸어 왔네 조금은 야위어진 그대의 얼굴모습

A
빗길속을 걸어가며 가슴 아팠네 얼마나 아파해야
우리 작은 소원 이뤄질까

B
그런 슬픈표정 하지 말아요 난 포기 하지 않아요 그대도 우리들의 만남에 후횐없겠죠

어렵고 또 험한길을 걸어도 나는 그대를 사랑해요

간주
라이드 심벌

A
조금은 야위어진 그대의 얼굴모습 빗길속을 걸어가며 가슴 아팠네 얼마나 아파해야 우리 작은 소원 이뤄질까

B
그런 슬픈표정 하지 말아요 난 포기 하지 않아요 그대도 우리들의 만남에 후횐없겠죠
하이헷

어렵고 또 험한길을 걸어도 나는 그대를 사랑해요

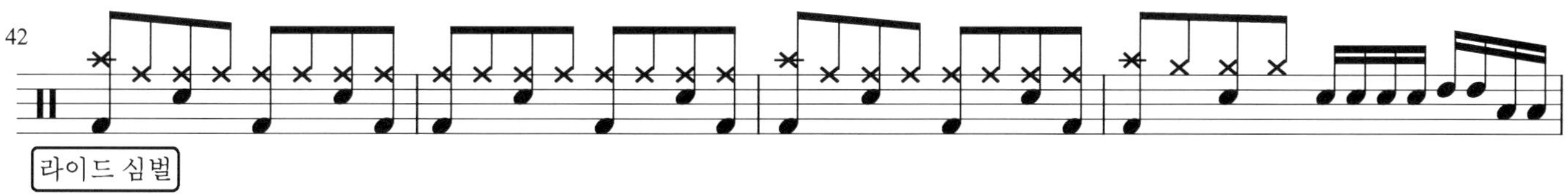
42
라이드 심벌

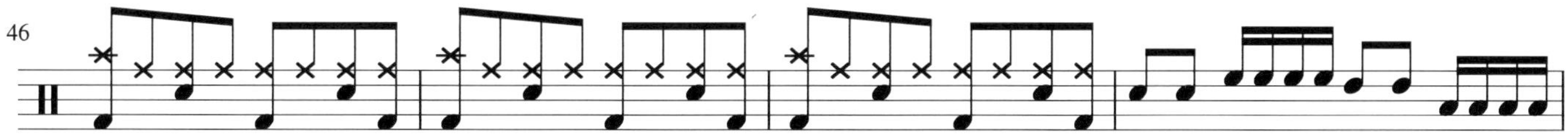
46

50
F.O

연습곡 2 [총 맞은 것처럼 – 백지영]

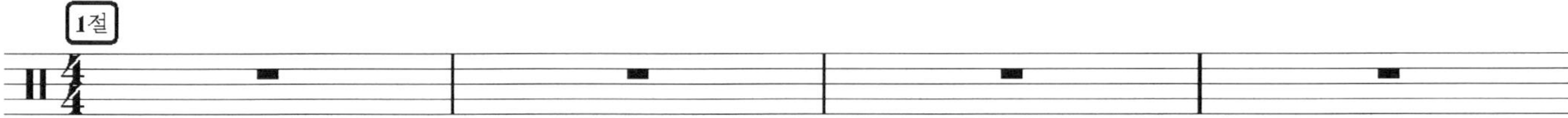

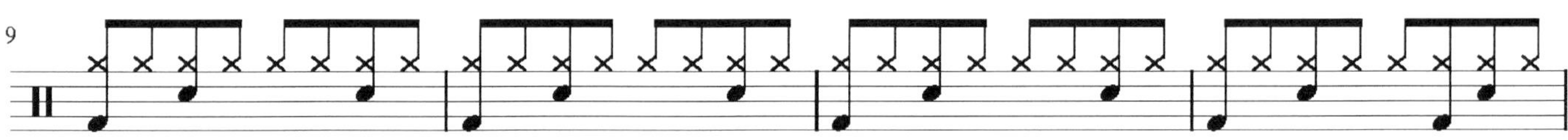

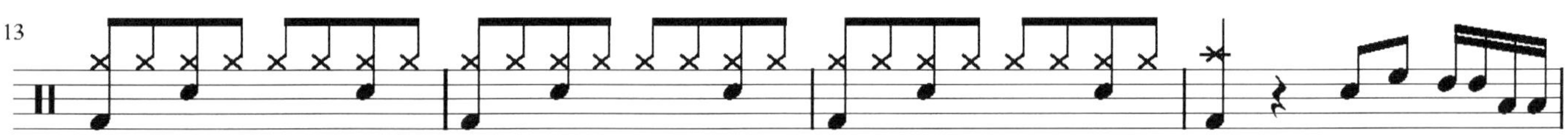

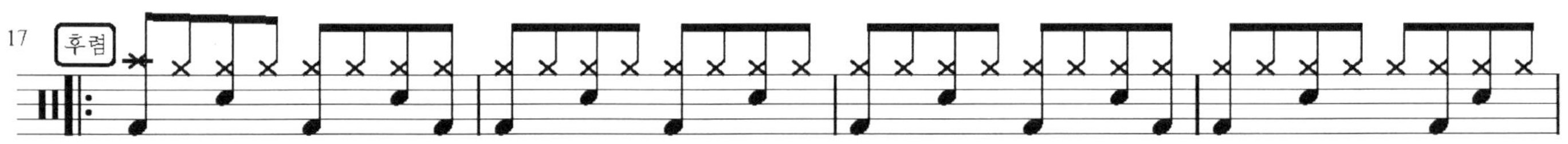

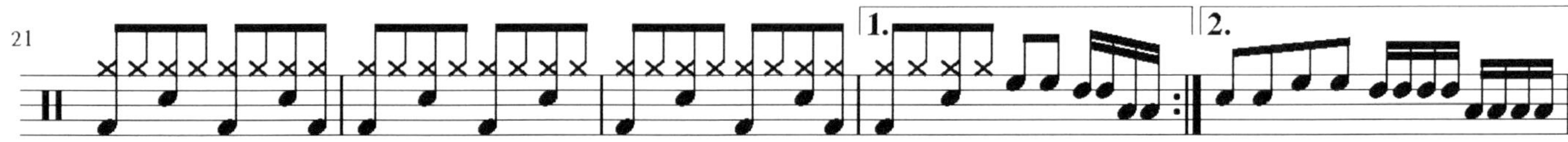

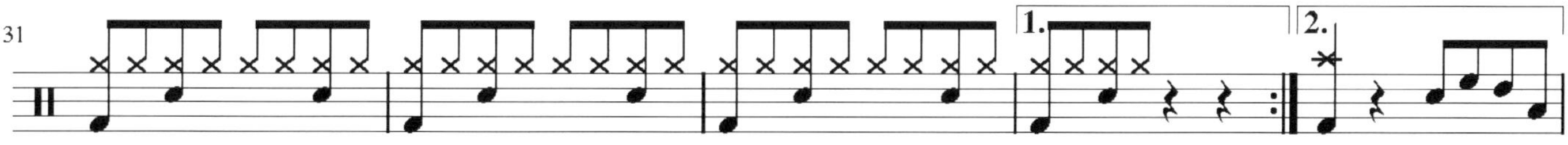
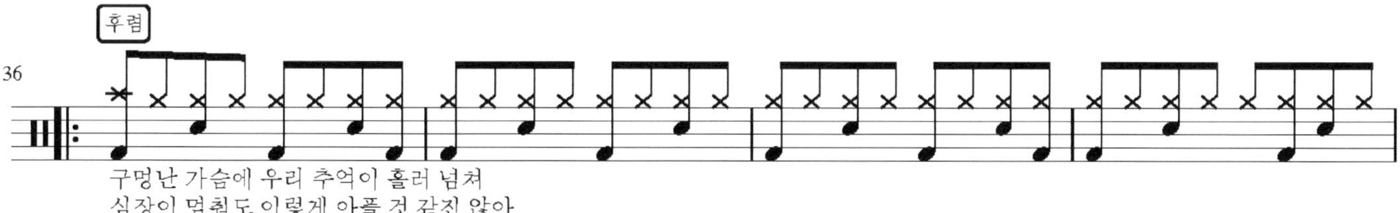
이러기 싫은데 정말 싫은데 정말 싫은데 정말
도망치듯 걷는 너의 뒤에서 너의 뒤에서 소리쳤어
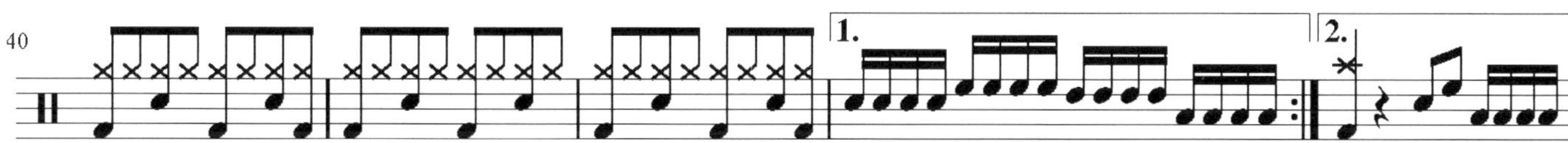
후렴
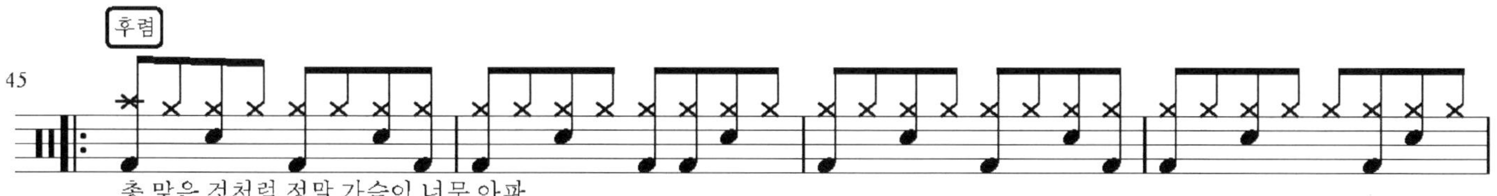
구멍난 가슴에 우리 추억이 흘러 넘쳐
심장이 멈춰도 이렇게 아플 것 같진 않아

잡아보려 해도 가슴을 막아도 손가락 사이로 빠져나가
어떻게 좀 해줘 날 좀 치료해줘 이러다 내 가슴 다 망가져

후렴
총 맞은 것처럼 정말 가슴이 너무 아파
어떻게 너를 잊어 내가 그런거 나는 몰라 몰라
이렇게 아픈데 이렇게 아픈데 살 수가 있다는게 이상해
가슴이 뻥 뚫려 채울 수 없어서 죽을 만큼 아프기만 해 총 맞은 것처럼

후렴

Part 7

딴-따다 음표 이해하기

딴–따다 음표 이해하기

- 딴-따다는 아래 보이는 것과 같이 16분음표 4개 중에서 2번째 음표를 쉼표로 만든 것으로서 원형은 1번 모양이지만 16분음표와 16분쉼표를 합쳐서 2번과 같이 8분음표로 나타낸다.

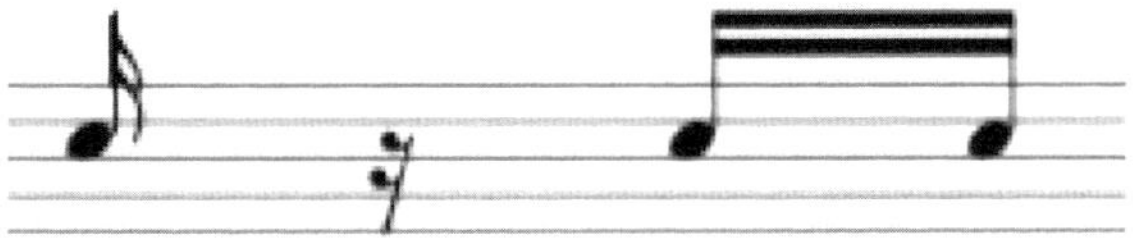

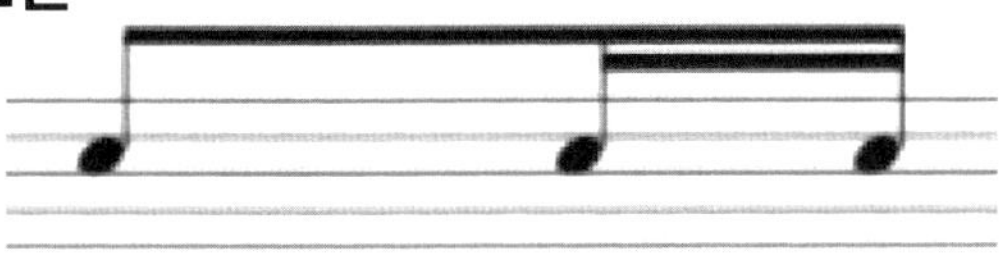

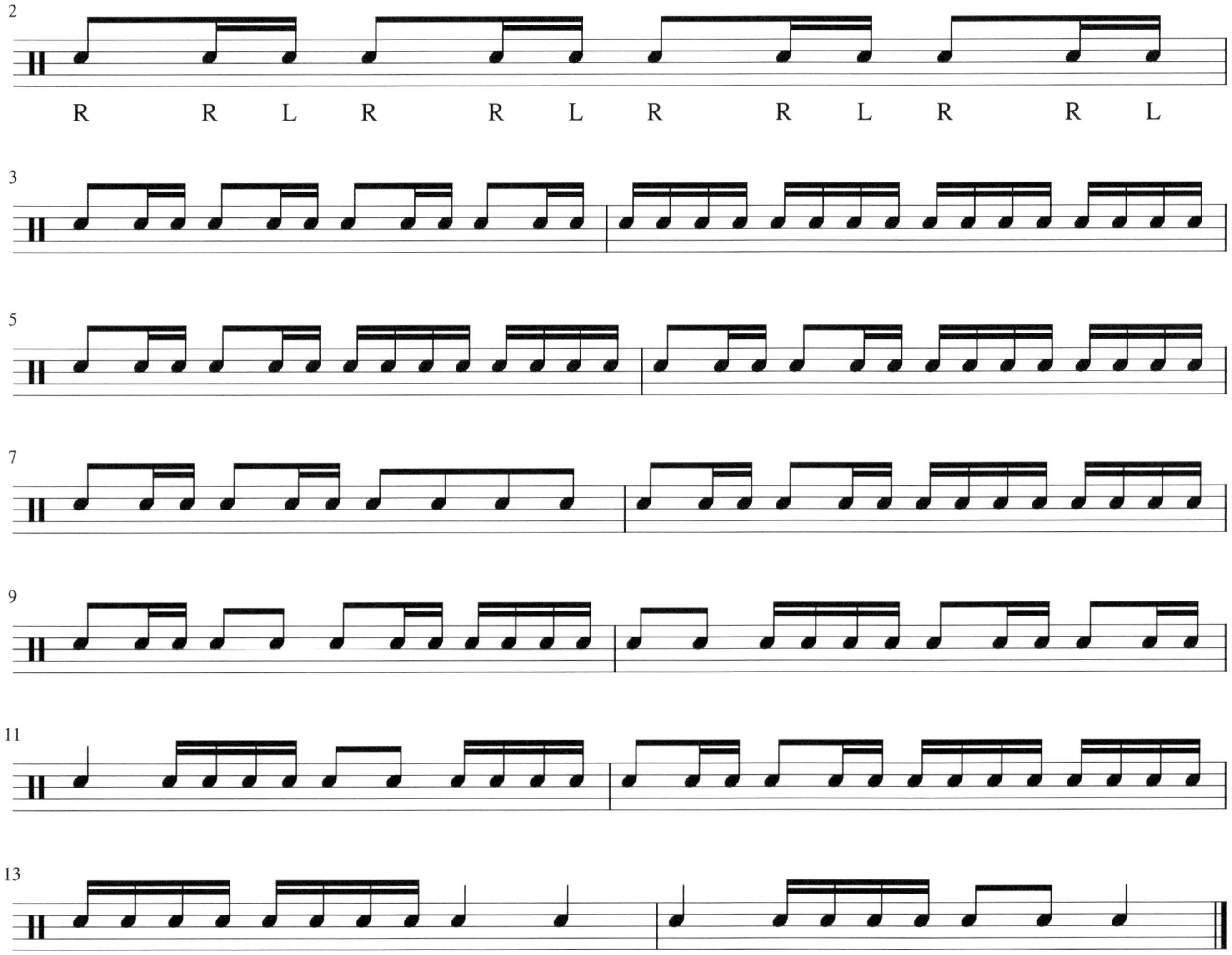

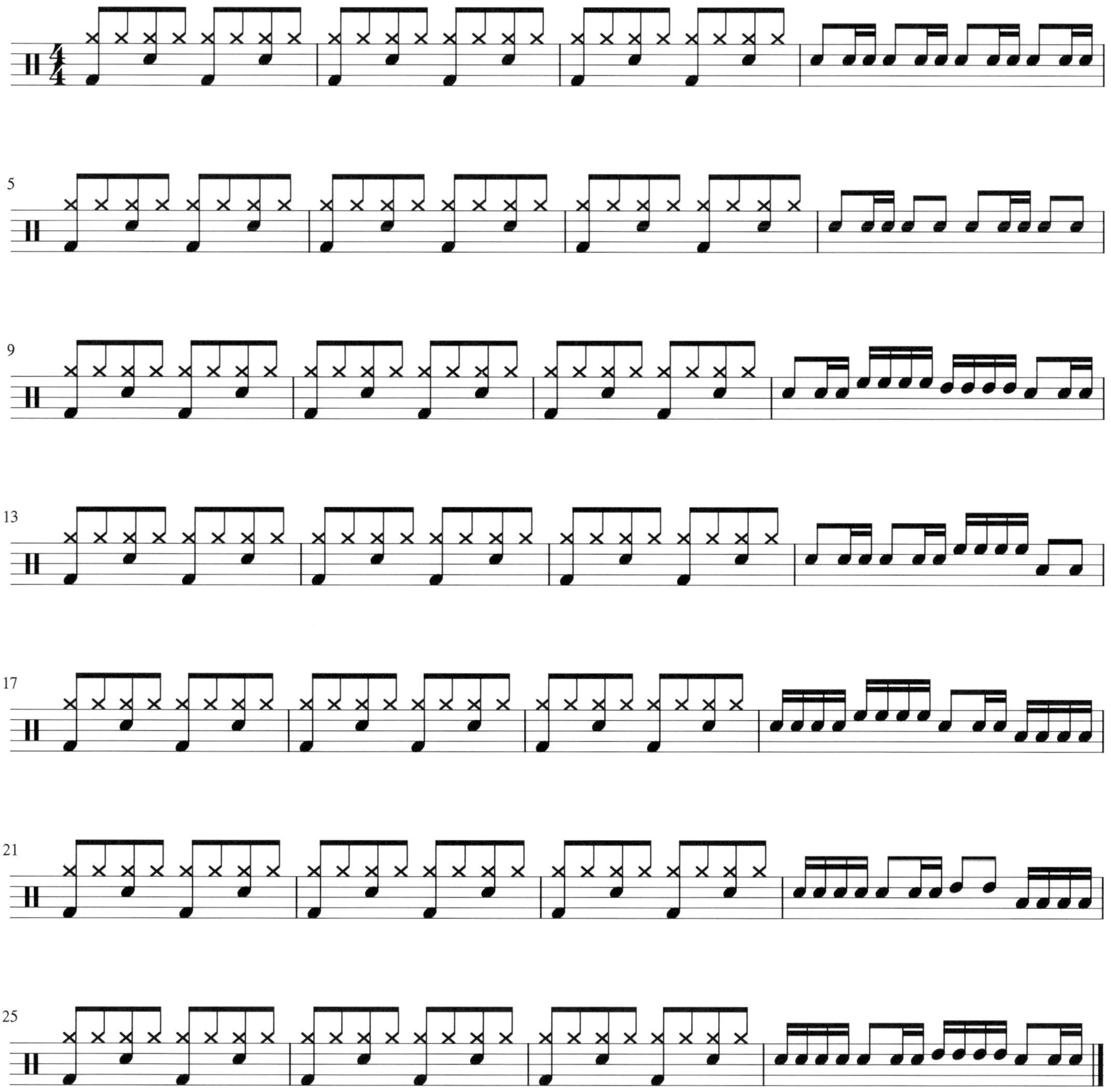

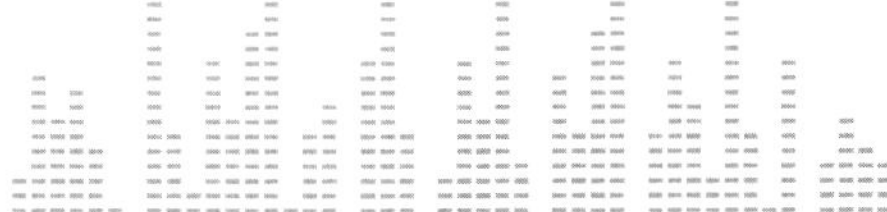

연습곡 1 [PSYCHO – 레드벨벳]

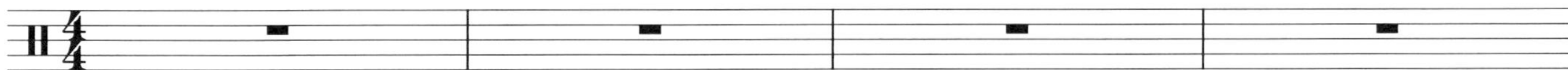

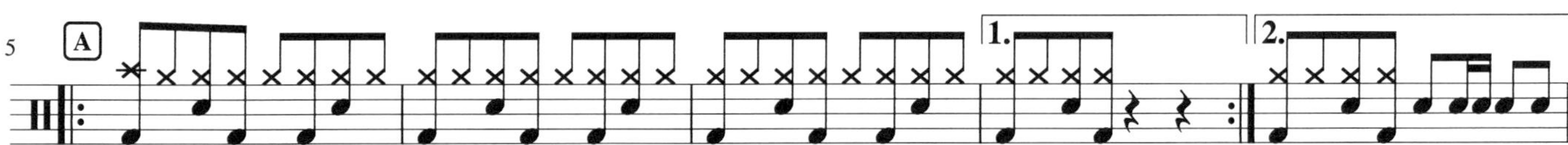

넣 어쩌면 좋을까 이런 맘은 또 첨이라 Up & Down이 좀 심해 조절이 자꾸 잘 안돼 하나 확실한 건 I don't play the game
우리 진짜 별나대 그냥 내가 너무 좋아해 넌 그걸 너무 잘 알고 날 쥐락펴락해 나도 마찬가지인걸

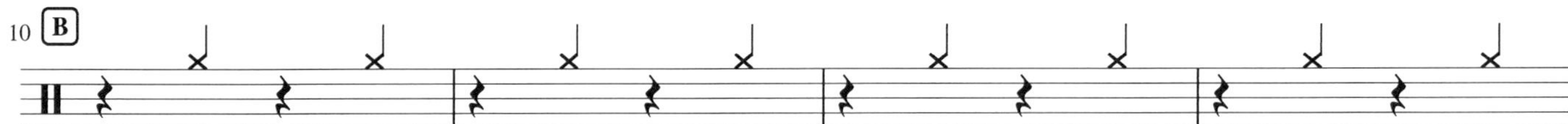

우린 참 별나고 이상한 사이야 서로를 부서지게 (부서지게)
그리곤 또 껴안아 (그리곤 또 껴안아)

You got me feeling like a psycho psycho 우릴 보고 말해 자꾸 자꾸 다시 안 볼 듯 싸우다가도
붙어 다니니 말야 이해가 안 간대 웃기지도 않대 맞아 Psycho psycho 서로 좋아 죽는 바보 바보
너 없인 어지럽고 슬퍼져 기운도 막 없어요 둘이 잘 만났대 Hey now we'll be ok

Hey trouble 경고 따윈 없이 오는 너 I'm original visual 우린 원래 이랬어 Yeah
두렵지는 않아 (흥미로울 뿐) It's hot! Let me just hop 어떻게 널 다룰까? Ooh

어쩔 줄을 몰라 너를 달래고 매섭게 발로 차도 가끔 내게 미소 짓는 널 어떻게 놓겠어 Ooh

우린 아름답고 참 슬픈 사이야 서로를 빛나게 해 (Tell me now) 마치 달과 강처럼 그리곤 또 껴안아

You got me feeling like a psycho psycho 우릴 보고 말해 자꾸 자꾸 다시 안 볼 듯 싸우다가도 붙어 다니니 말야 이해가 안 간대
웃기지도 않대
맞아 Psycho psycho 서로 좋아 죽는 바보 바보 너 없인 어지럽고 슬퍼져 기운도 막 없어요 둘이 잘 만났대 Hey now we'll be ok

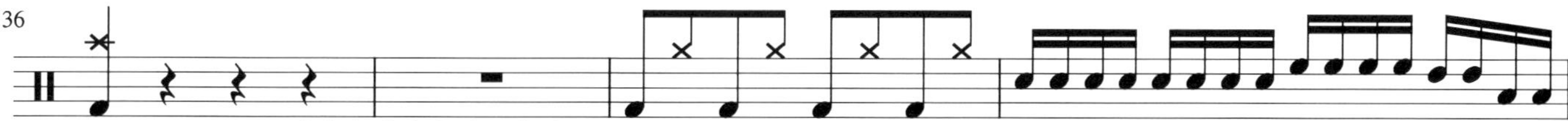

Don't look back 그렇게 우리답게 가보자 난 온몸으로 널 느끼고 있어 Everything will be ok

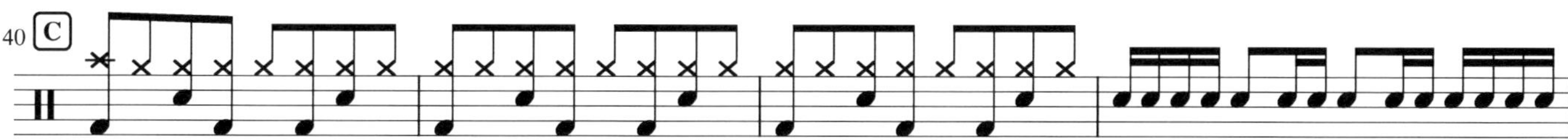

(You got me feeling like a psycho) Like a psycho psycho 우릴 보고 말해 자꾸 자꾸 다시 안 볼 듯 싸우다가도
붙어 다니니 말야 둘이 잘 만났대 Hey now we'll be ok

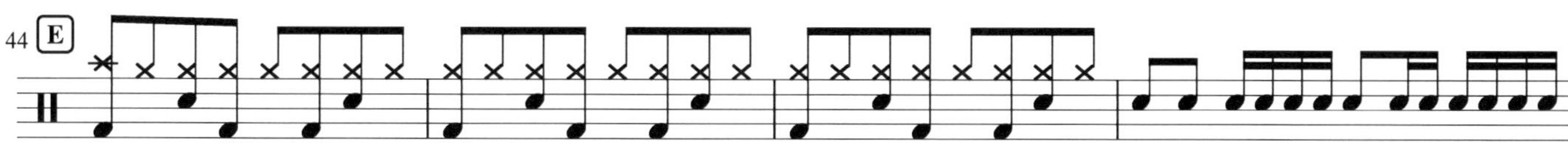

Hey now we'll be ok Hey now we'll be ok
Hey now we'll be ok Hey now we'll be ok

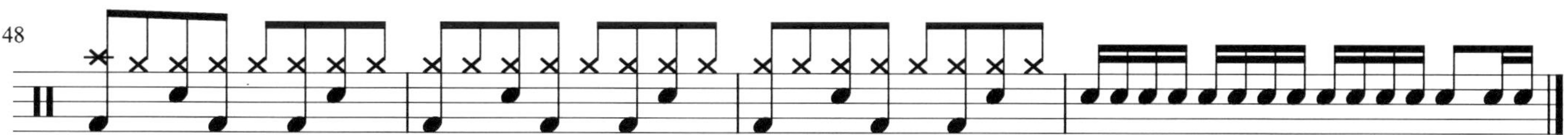

Hey now we'll be ok Hey now we'll be ok
Hey now we'll be ok Hey now we'll be ok
It's alright It's alright 우린 좀 이상해 Psycho

연습곡 2 [오빠야 – 신현희와 김루트]

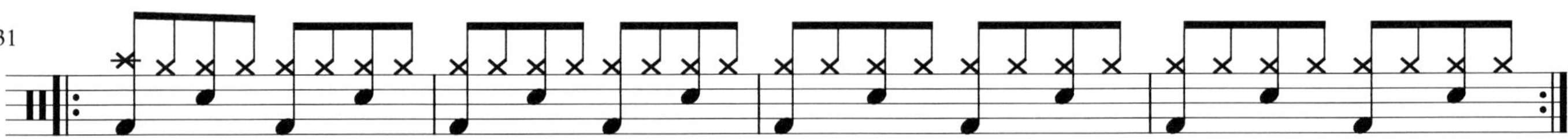

39

두근대는 마음에 설레는 날들에 난 헤어 나올 수 없어

44

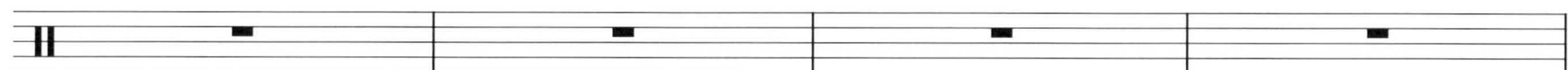

나는 너를 좋아하고 너를 좋아하고 너도 나를 좋아하고 나를 좋아하고
우린 서로 좋아하는데도 그 누구도 말을 안 해요

48

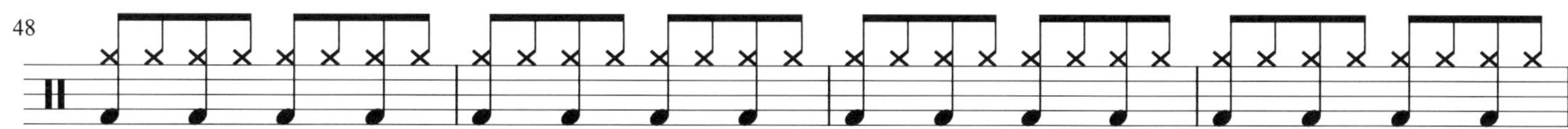

나는 너를 좋아하고 너를 좋아하고 너도 나를 좋아하고 나를 좋아하고
우린 서로 좋아하는데도 그 누구도 말을 안 해요

52
1.
2.

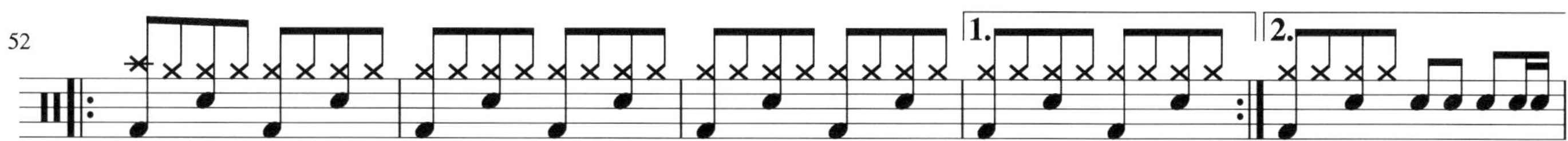

57
1.
2.

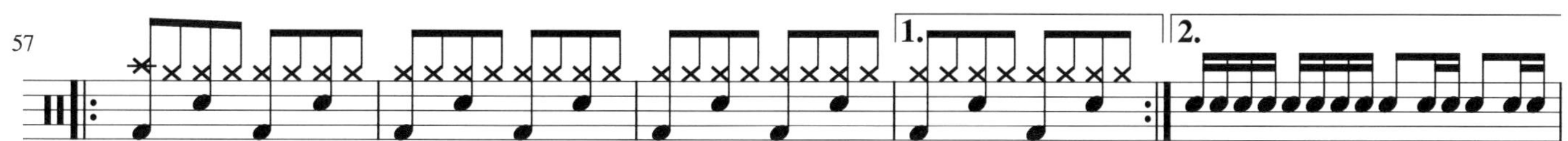

62
1.
2.

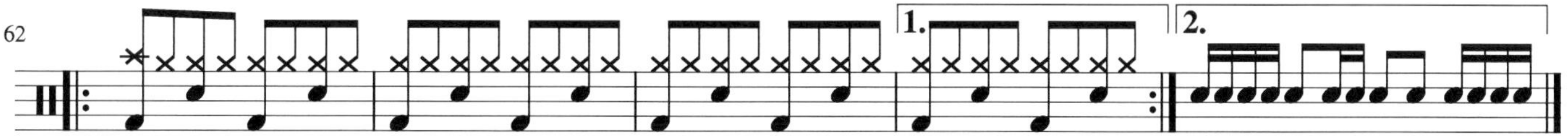

Part 8

따다단- 음표
이해하기

따다단- 음표 이해하기

- 따다단-은 아래 보이는 것과 같이 16분음표 4개 중에서 4번째 음표를 쉼표로 만든 것으로서 원형은 왼쪽 모양이지만 16분음표와 16분쉼표를 합쳐서 오른쪽과 같이 8분음표로 나타낸다.

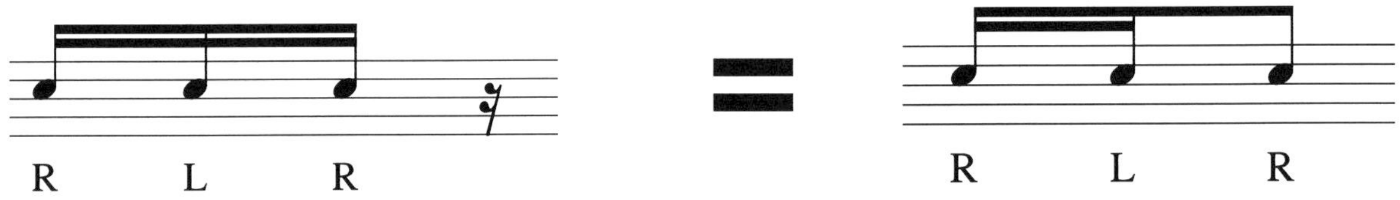

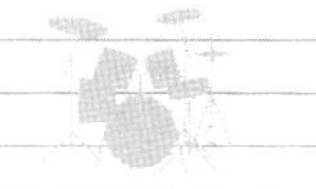

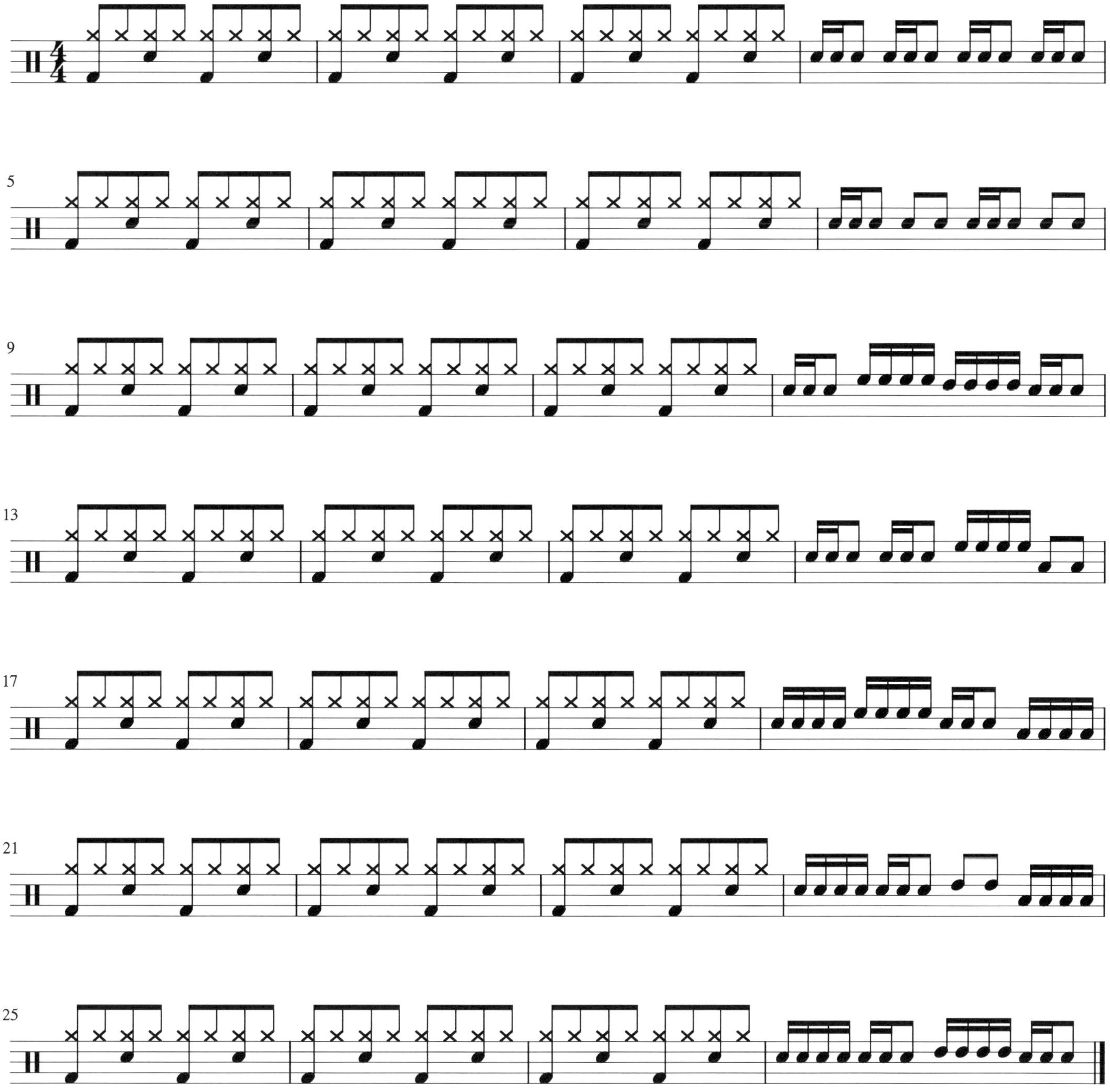

연습곡 1 [어제보다 슬픈 오늘 – 김건모]

내 얼굴에 드리운 아침햇살 힘들게 나 눈을 뜨면 니가 없는 텅 빈 침대만이 내 이별을 말하네
거울 속에 비친 내 모습은 괜찮다며 웃는데
거울 밖에 난 울고 있잖아
넌 괜찮니 지금도 나는 실감나지 않는다 어제 니가 쓰던 컵이 아직 나와 둘이 앉아있고
너의 사랑이 남겨진 여기 이 공간의 슬픔은
내 두 눈을 적셔 오늘 어제보다 더 큰 슬픔이 되어
R L R   R L R   R   R   R L R
넌 괜찮니 지금도 나는 실감나지 않는다
어제 니가 쓰던 컵이 아직 나와 둘이 앉아있고
너의 사랑이 머물다 떠난 내 방안의 슬픔은
내 가슴에 스며 내게 어제보다 더 큰 아픔을 주네
어

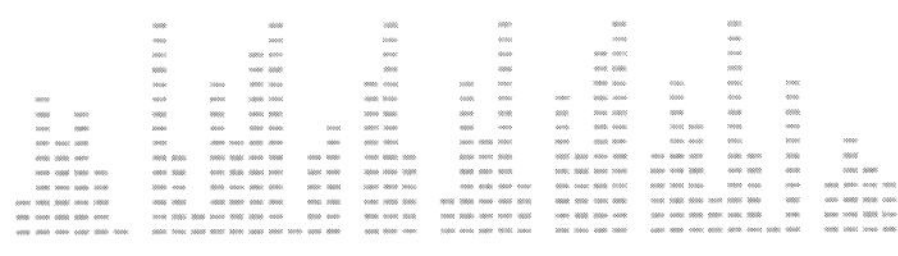

연습곡 2 [See Your Eyes – 잔나비]

♩ = 127

전주

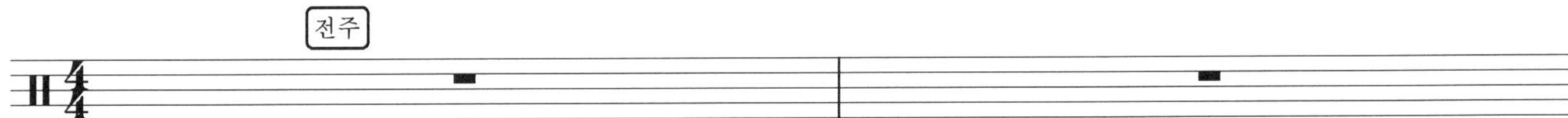

1절
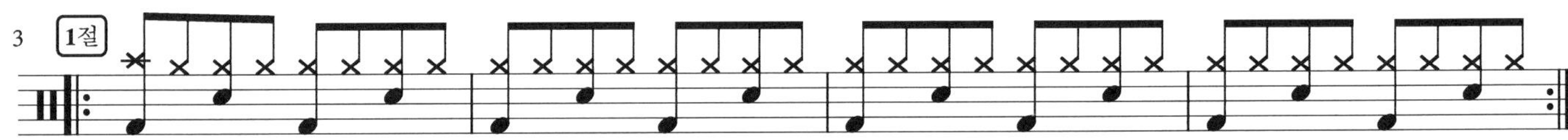

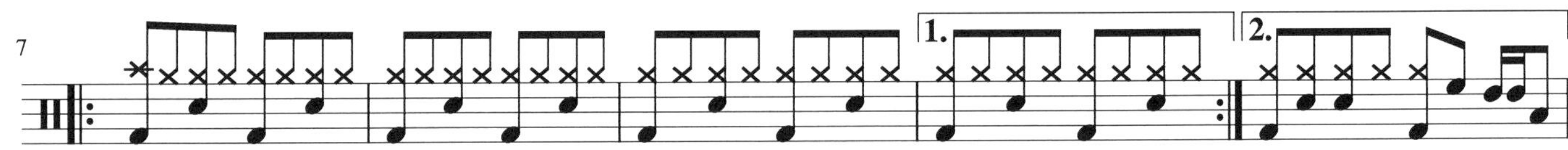

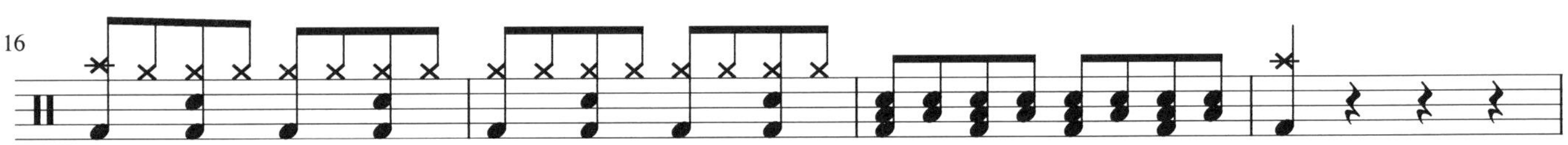

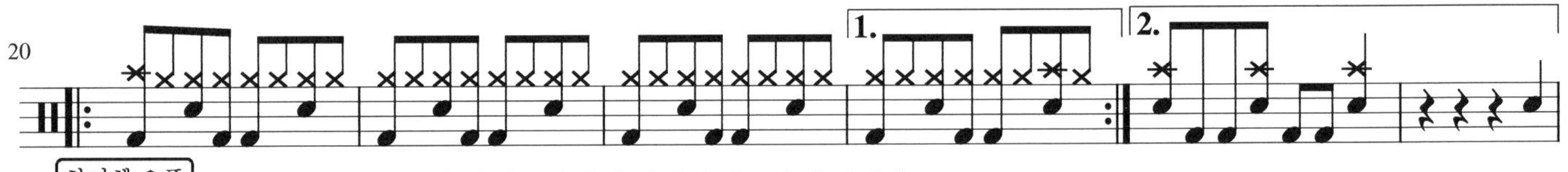

2절
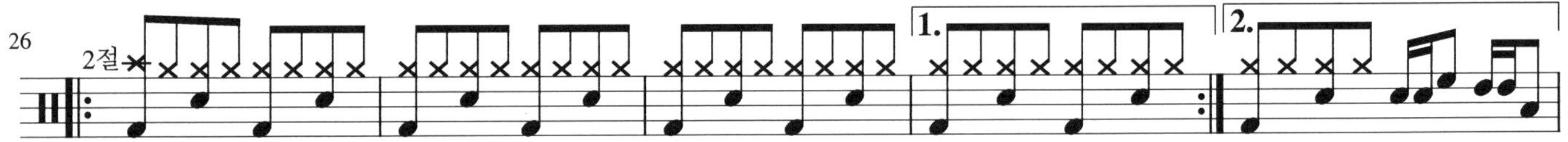

라이드심벌
baby 무슨 말해도 너는 wanna kiss me bye 니 생각을 해줄게 wherever you go

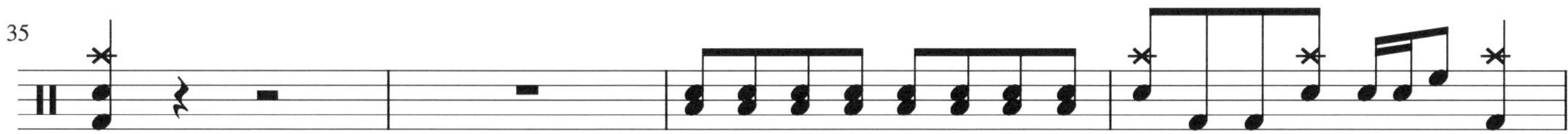
what can I say to you my girl I never say good bye

1.
2.
하이헷 오픈
나 홀로 취한 그 날 밤 널 괴롭히던 밤 이제야 내 모습이 두려워
나 홀로 지새는 이 밤 날 깨우는 starlight 널 본다 see your eyes

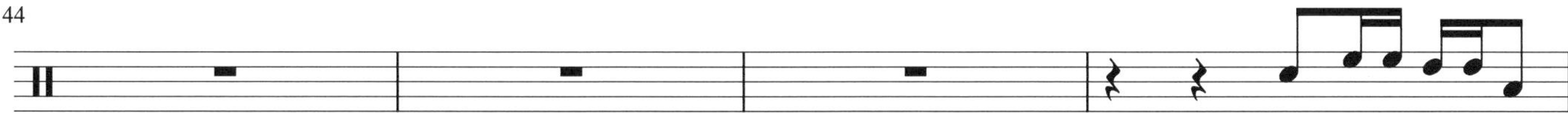
my love is stronger than your heart 깊은 밤 너의 꿈 속에

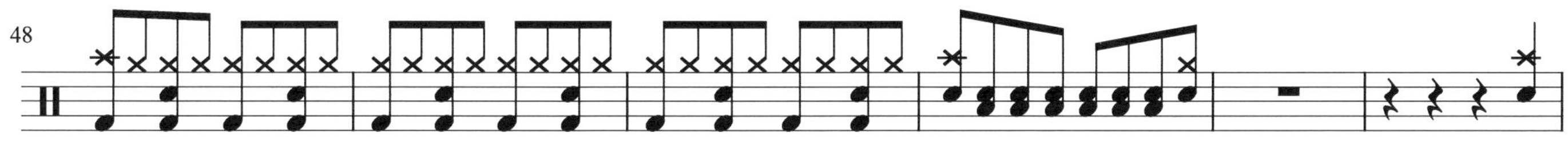
커다란 상처를 준 난 I'm not your man

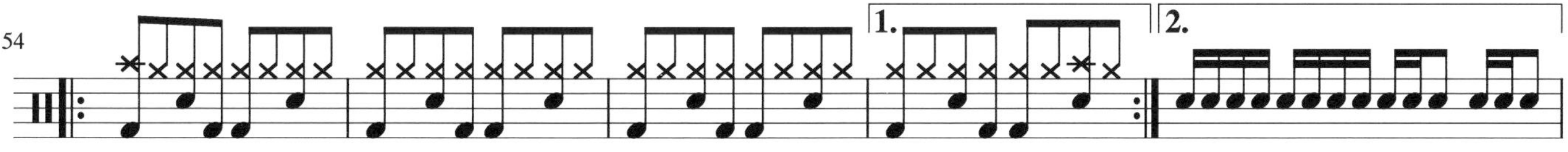
1.
2.
나 홀로 취한 그 날 밤 널 괴롭히던 밤 이제야 내 모습이 두려워
나 홀로 지새는 이 밤 날 깨우는 starlight 널 본다 see your eyes

1.
2.
oh no
나 홀로 지새는 이 밤 날 깨우는 starlight 널 본다 see your eyes

Part 9

따단-따 음표 이해하기

- 따단-따는 아래 보이는 것과 같이 16분음표 4개 중에서 3번째 음표를 쉼표로 만든 것으로서 원형은 왼쪽 모양이지만 16분음표와 16분쉼표를 합쳐서 오른쪽과 같이 8분음표로 나타낸다.

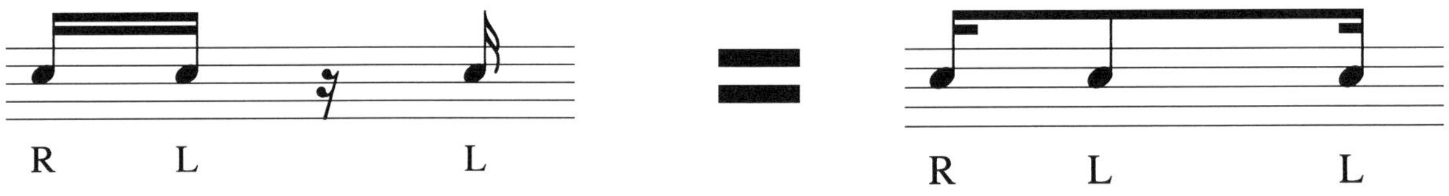

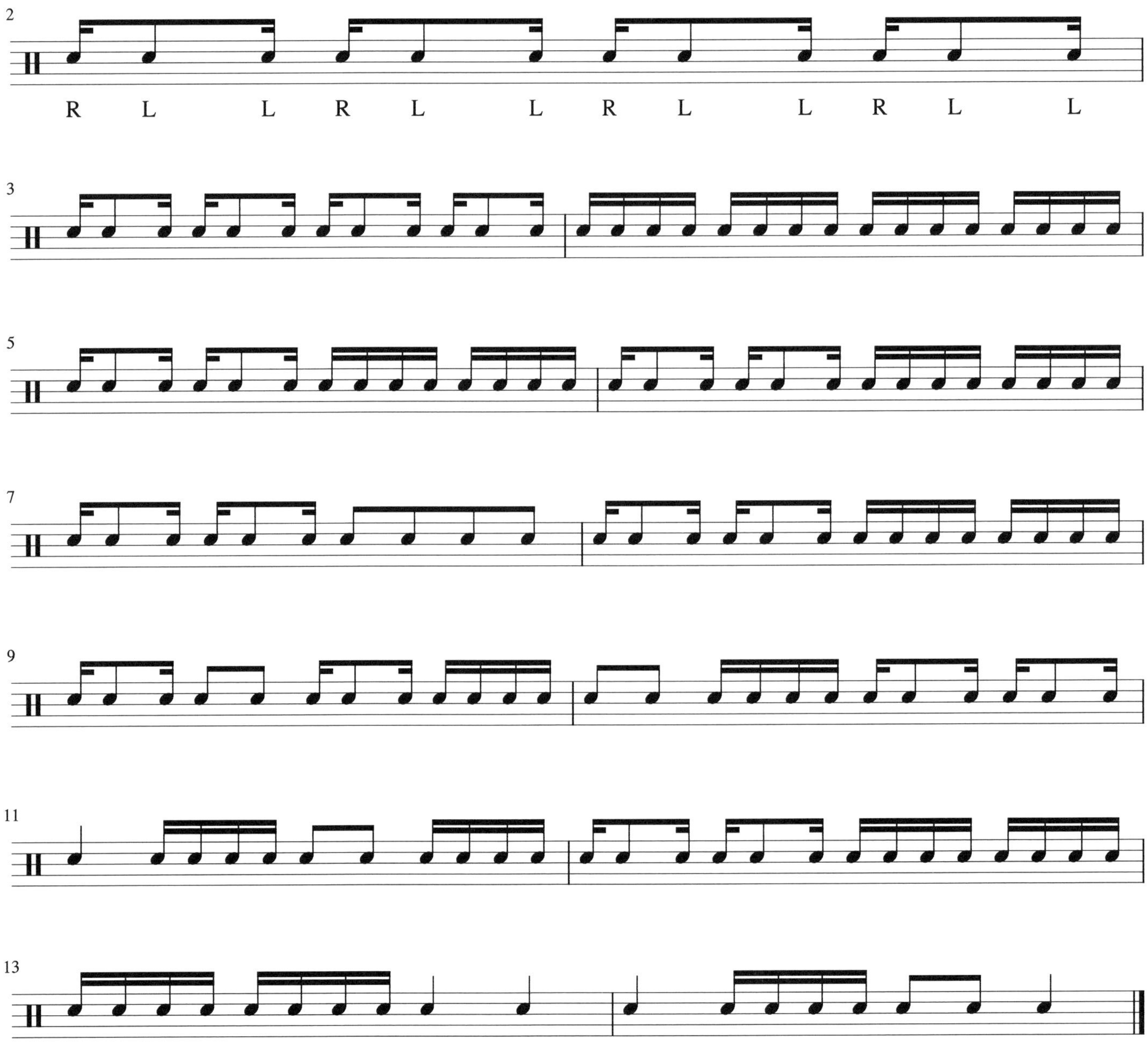

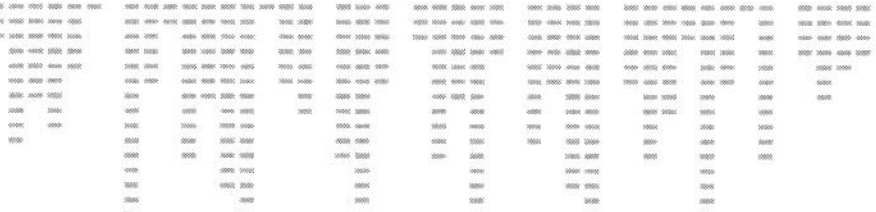

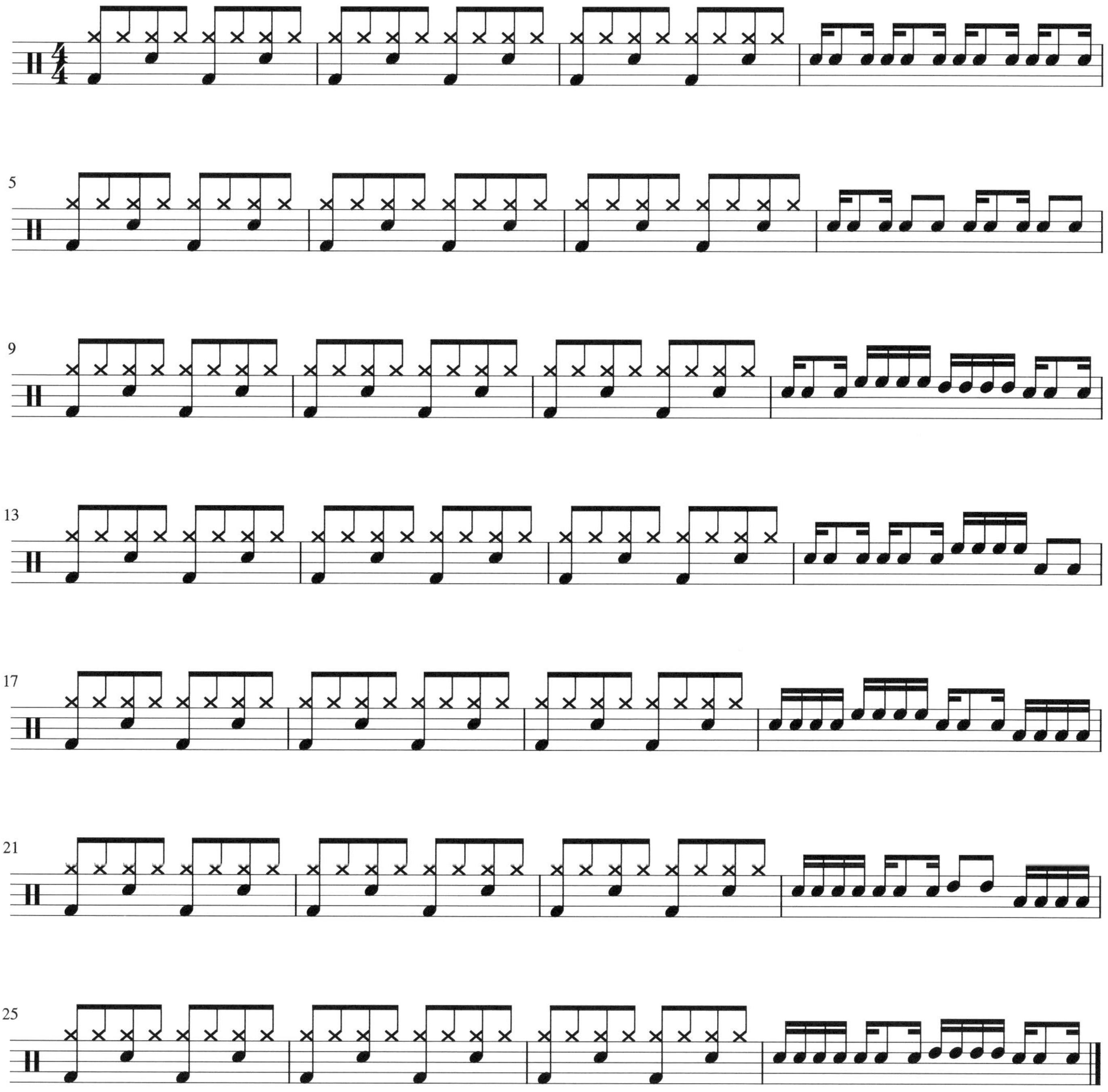

연습곡 1 [꿈에 – 박정현]
전주
1절
어떤 말을 해야하는지 난 너무 가슴이 떨려서 우리 옛날 그대로의 모습으로 만나고 있네요.
이건 꿈인 걸 알지만 지금 이대로 깨지 않고서 영원히 잠 잘 수 있다면.
날 안아주네요, 예전 모습처럼. 그동안 힘들었지 나를 보며 위로하네요.
내 손을 잡네요, 지친 맘 쉬라며. 지금도 그대 손은 그때처럼 따뜻하네요.
1.
혹시 이게 꿈이란 걸 그대가 알게 하진 않을거야.
내가 정말 잘할거야, 그대 다른 생각 못하도록.
그대 이젠 가지마요, 그냥 여기서 나와 있어줘요.
나도 깨지 않을게요, 이젠 보내지 않을거예요.
2.
후렴
라이드심벌
계속 나를 안아주세요, 예전 모습처럼.
그동안 힘들었지 나를 보며 위로하네요.
내 손을 잡네요, 지친 맘 이젠 쉬라며.
지금도 그대 손은 그때처럼 따뜻하네요.

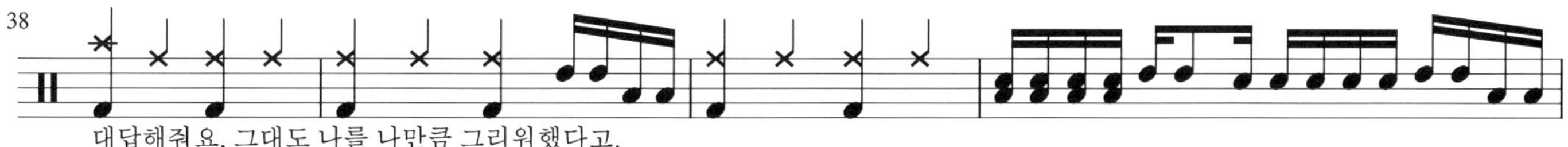

대답해줘요, 그대도 나를 나만큼 그리워했다고.

간주
바보같이 즐거워만 하는 날 보며 (날 보며)

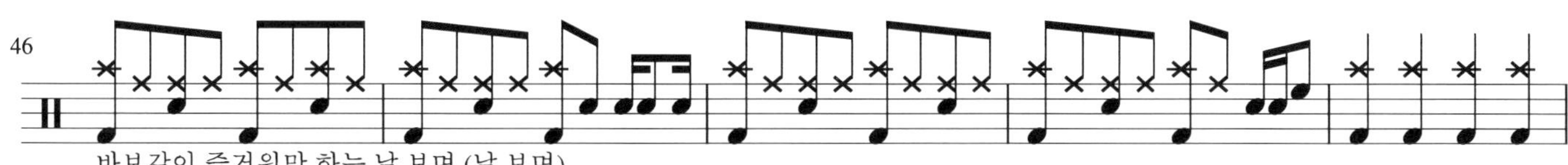

안스런 미소로 (슬픈 미소로) 이제 나 먼저갈게 미안한 듯 얘길하네요.
나처럼 그대도(그대도) 알고 있었군요(꿈이라는 걸) 그래도 고마워요, 이렇게라도 만나줘서.

날 안아주네요, 작별인사라며. 나 웃어줄게요, 이렇게 보내긴 싫은데

뒤돌아 서네요, 다시 그때처럼. 나 잠 깨고 나면 또 다시 혼자 있겠네요.

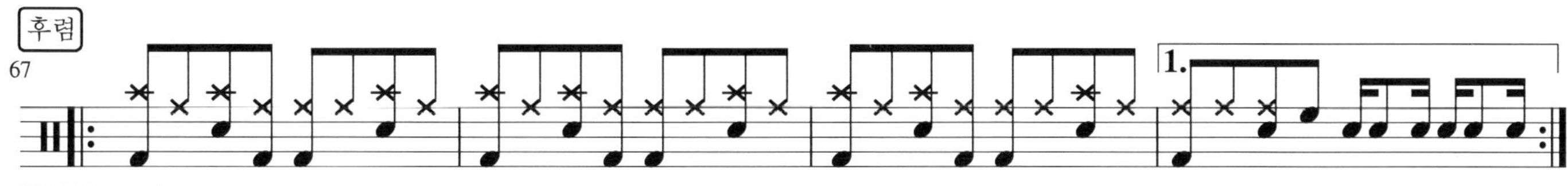

후렴
1.

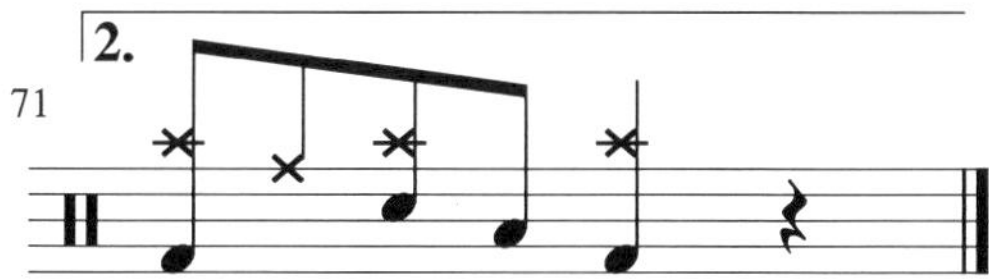

라이드심벌 저 멀리 가네요. 이젠 익숙하죠. 나 이제 울게요. 또 다시 보내기 싫은데 보이지 않아요.
2.

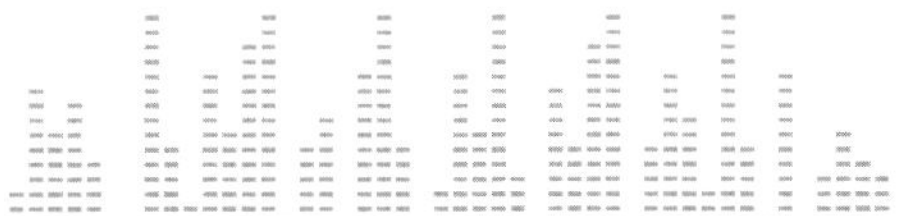

INTRO

A
'뭐해?'라는 두 글자에 '네가 보고 싶어' 나의 속마음을 담아 우
이모티콘 하나하나 속에 달라지는 내 미묘한 심리를 알까 우

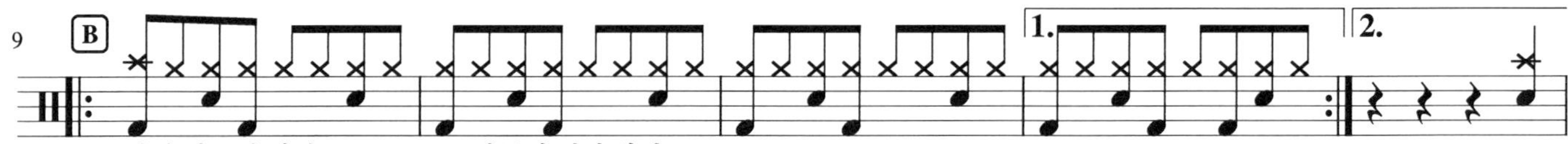

B
1.   2.
아니 바쁘지 않아 nothing no no 잠들어 있지 않아 insomnia nia nia
지금 다른 사람과 함께이지 않아 응, 나도 너를 생각 중

C
1.   2.
우리의 네모 칸은 bloom 엄지손가락으로 장미꽃을 피워
향기에 취할 것 같아 우 오직 둘만의 비밀의 정원

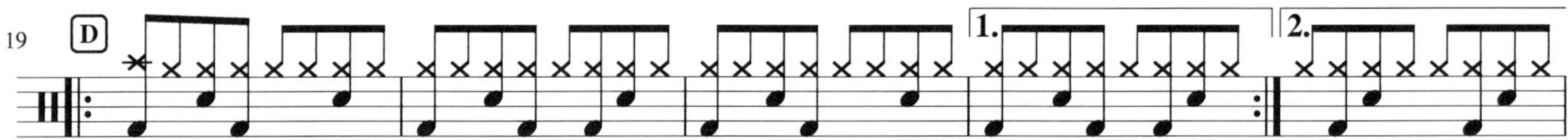

D
1.   2.
I feel bloom I feel bloom I feel bloom 너에게 한 송이를 더 보내

간주

A
밤샘 작업으로 업데이트 흥미로운 이 작품의 지은이 that's me 우
어쩜 이 관계의 클라이맥스 2막으로 넘어가기엔 지금이 good timing 우

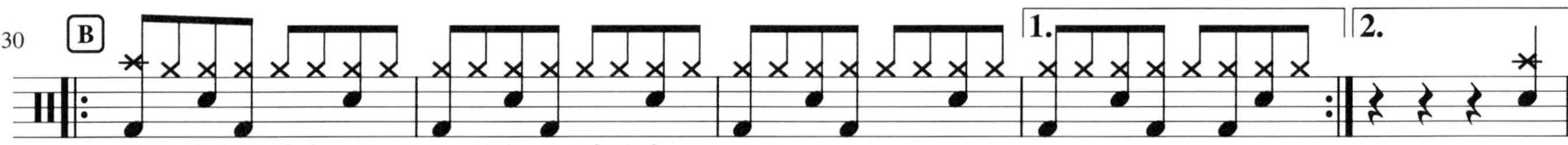

B
1.   2.
같은 맘인 걸 알아 realize la lize 말을 고르지 말아 just reply la la ly
조금 장난스러운 나의 은유에 네 해석이 궁금해

35 C
우리의 색은 gray and blue 엄지손가락으로 말풍선을 띄워
금세 터질 것 같아 우 호흡이 가빠져 어지러워
1. 2.
40 D
I feel blue. I feel blue. I feel blue. 너에게 가득히 채워
I feel bloom I feel bloom I feel bloom 너에게 한 송이를 더 보내
1. 2.
45 브릿지
띄어쓰기없이보낼게사랑인것같애 백만송이장미꽃을, 나랑피워볼래?
꽃잎의 색은 우리 마음 가는 대로 칠해 시들 때도 예쁘게
53 C
우리의 네모 칸은 bloom 엄지손가락으로 장미꽃을 피워
57
향기에 취할 것 같아 우 오직 둘만의 비밀의 정원
61 D
1. 2.
I feel bloom I feel bloom I feel bloom 너에게 한 송이를 더 보내

Part 10

음표 종합 연습

1. 음표의 중간에 4분음표가 들어가 있는 경우에는 정확히 한 박자 길이만큼 음표에 할당해주어야 한다. 마음을 급하게 생각해서 4분음표를 8분음표의 길이만큼만 연주하고 다음 음표로 넘어가게 된다면 박자가 꼬이게 되어서 헷갈림을 유발할 수 있다.

2. 한 박자 한 박자를 끊기지 않도록 연습해야 한다. 한 박자 치고 끊기고 두 번째 박자 치고 끊기고 자주 끊김이 발생하면, 박자나 노래는 우리를 기다려주지 않기 때문에 박자를 놓치게 된다.

3. 필인이나 음표 연습을 할 때 마음이 급해져서 빠른 템포에서 연주하기보다는 느린 템포에서 여러 번 반복 숙달 후 점진적으로 템포를 올리는 것을 추천한다.

4. 비슷한 모양의 음표들이 있기 때문에 음표가 헷갈리는 경우가 발생하는데 미리 헷갈리는 음표를 체크한 후 연습한다.

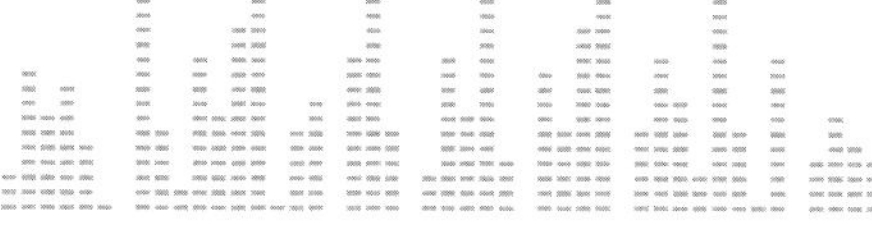

R L R L R R R L R L L R L R L L R L L R L R L R L R L R L R L R L

5

9

13

17

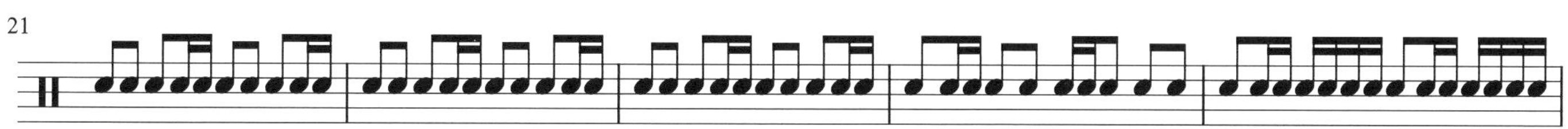
21

26

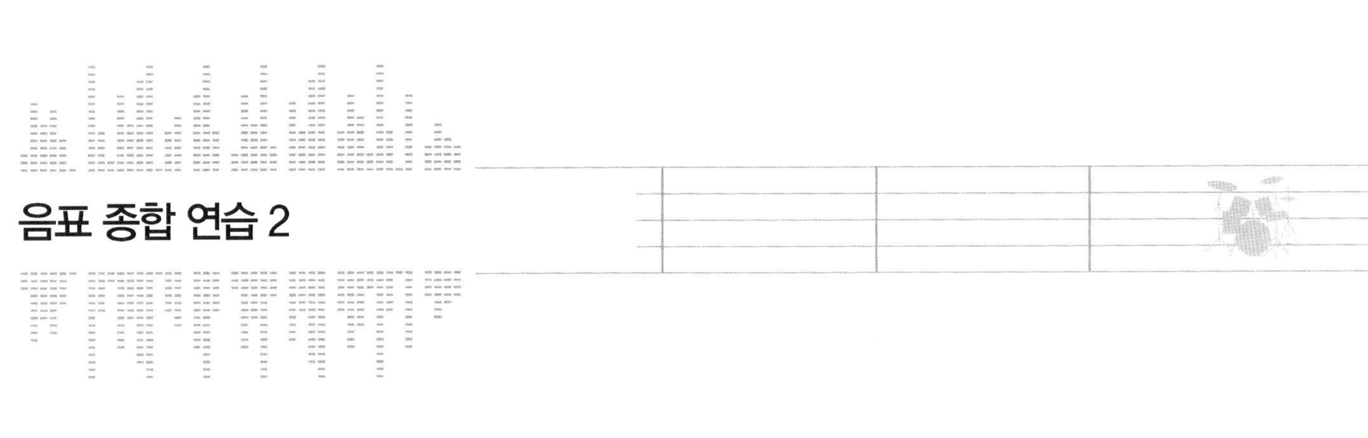

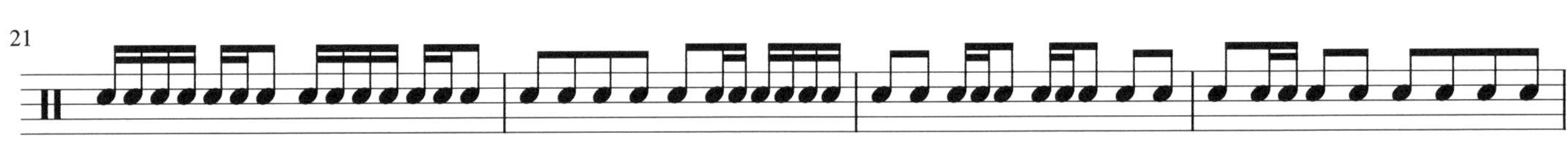

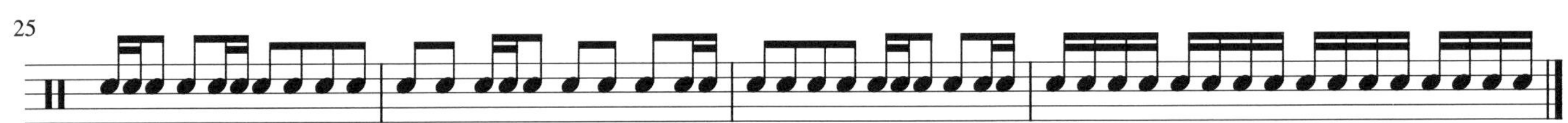

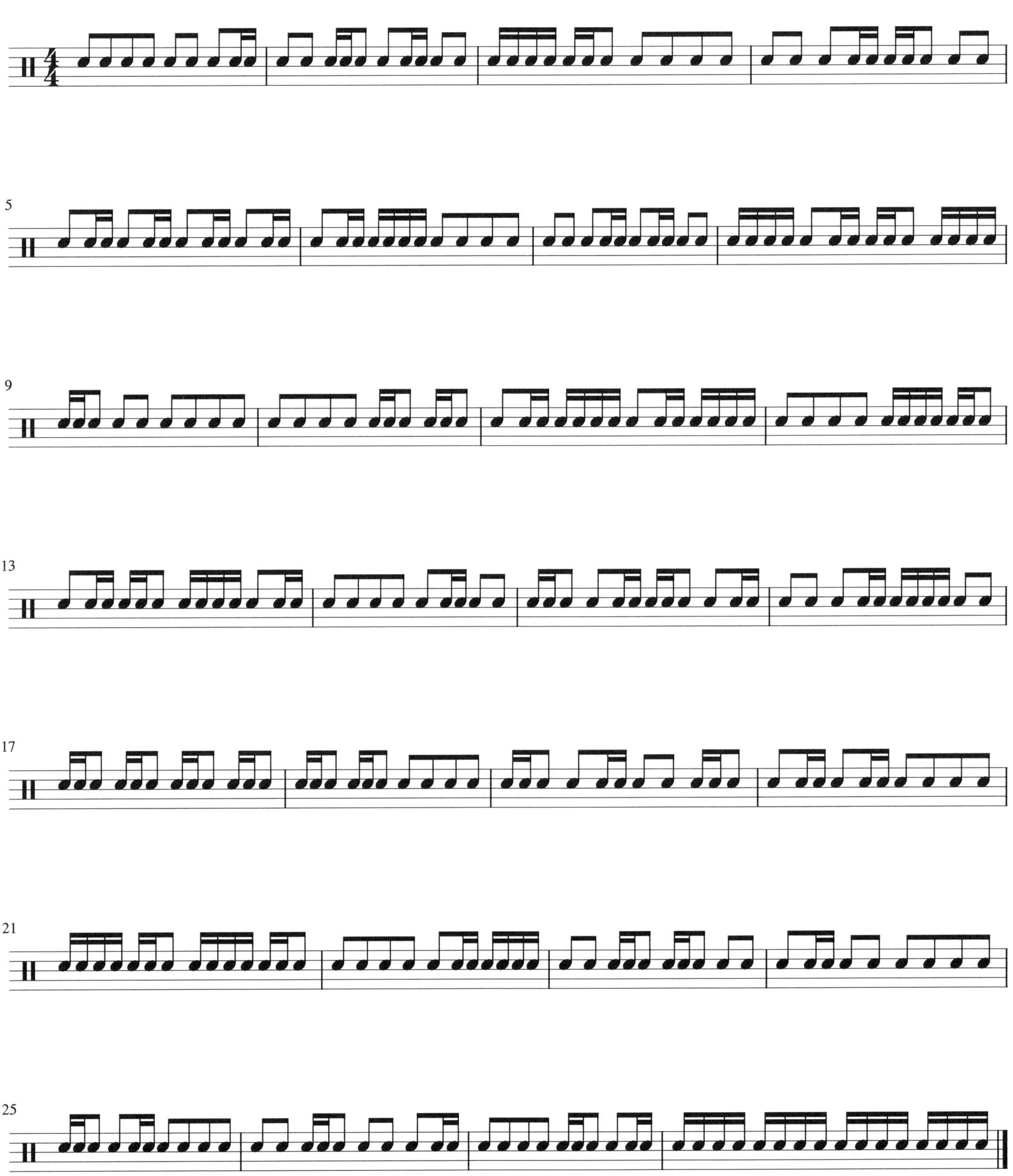

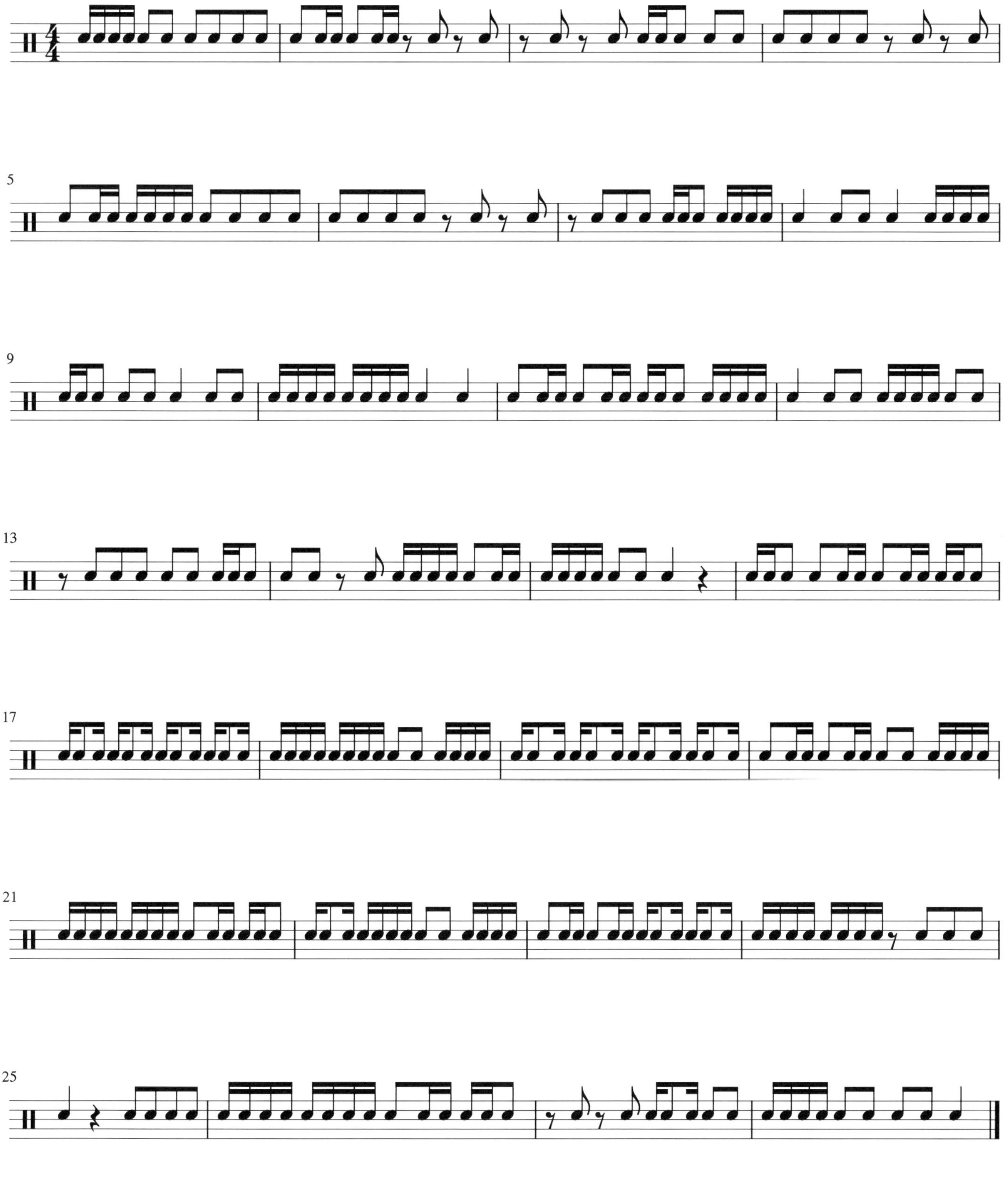

연습곡 1 [친구라도 될 걸 그랬어 – 거미]

35 **B**

눈감지 말고 보낼 걸 가는 널 꼭 지켜볼 걸

39

차가운 너의 걸음에 마지막 내 눈물도 묻혀서 보내버릴걸

R R L R L R

43

너무 모진 너의 모습이 미워져 버렸어 다른 사람 만나는 널 보아도 슬프지 않게

R L L R L R

47 **C**

그저 바라보고 있었어 한참동안 니옆에 그사람까지도 잠시라도 더 보려고

R R L R

51

다시 혹시라도 널 보게되면 그땐 모르는 척 해볼게 웃어도 볼게 지금의 너처럼

R L L R L R L

55 **혹**

차라리 잘된것 같아 다시 널 또 한번 미워할 수 있을테니

R L L R L R R

59

혹시 아직 너도 나처럼 편해지지 못하고 아파만 하는거니 애써 너도 참는거니

R L R

63

혹시 니가 다시 돌아올까봐 나의 곁엔 아직 그대로 비워져 있어 너의 자리라서

R L L

66

지워져 있어 너의자리라서

악보를 보면 중간중간 4/4박자에서 6/4박자나 3/4박자 등으로 박자가 바뀌는 것을 볼 수 있다. 이럴 땐 당황하지 말고 4/4박자는 한 마디 안에 4분음표가 4개가 들어가 있다는 뜻처럼, 6/4박자도 4분음표가 한 마디 안에 6개가 들어가 있다는 뜻이므로 한 마디를 6박자까지 세고 난 후에 다음 마디를 진행하면 된다.

- 점음표는 음표의 머리의 오른쪽 위치에 점을 표기하여 나타낸다.
- 칸에 머리가 표기된 음표는 해당 칸의 음표 머리 우측에 표기하고, 줄에 머리가 표기된 음표는 해당 줄의 위 칸에 걸쳐 있는 머리 우측에 점을 표기한다.
- 점음표는 기존 음표의 박자에 절반을 더한 박자가 된다.

그 림	이 름	박 자	리듬표시
o	온음표	4박자	WWW
♩.	점2분음표	3박자	WW
♩	2분음표	2박자	W
♩.	점4분음표	1박자 반	W
♩	4분음표	1박자	V
♪	점8분음표	반 박자 반	V
♪	8분음표	반 박자	\
♫	16분음표	반의 반 박자	`

연습곡 2 [나였으면 – 나윤권]

슬픈 뒷모습 그저 오늘까지만
이런 내맘을 모른채 살아갈테죠
기다림이 잊혀짐보다 쉽다는걸 슬프게 잘알고있죠
나였으면 그대사랑하는 사람 나였으면
수없이 많은 날을 나 기도해왔죠
푸르른 나무처럼 말없이 빛난별처럼
또 바라만 보고있는 나를 그댄 알고 있나요
묻고 싶죠 그댄잘지내는가요 함께하는
그사람이 그대에게 잘해주나요
바보같은 걱정도 부질없단것 알지만
눈물없이 꼭한번은 말하고 싶었죠
사랑한다고

연습곡 3 [언제나 – 허각]

널 사랑해 시간이 흘러도
널 사랑해 세상이 변해도
난 언제나 내 곁을 지켜주는 네가
있어서 참 다행이야 고마워

아침에 눈을 뜨면 늘 네 생각에 난
환한 미소로 시작하고

지친 하루 끝에서 또 네 생각에 난
누구보다 더 난 행복한 사람

이제 슬프지 않아 다신 울지도 않아
내 모든 걸 다 바쳐서

널 사랑해 시간이 흘러도
널 사랑해 세상이 변해도
난 언제나 내 곁을 지켜주는 네가
있어서 참 다행이야 고마워

네가 눈물 흘려도 멈춰줄 순 없지만
너의 곁에서 함께 울어줄게

34 B
라이드심벌
이제 아프지 말자 다신 울지도 말자
내 모든 걸 다 바쳐서
38 C
널 사랑해 시간이 흘러도
널 사랑해 세상이 변해도
42
하이헷
난 언제나 내 곁을 지켜주는 네가
있어서 참 다행이야 고마워
46 훅
라이드심벌
천 번을 넘어져도 또다시 쓰러져도
다시 일어날 거야
50
비바람 몰아쳐도 어둠이 내려도
널 지켜줄게
54
56
1.
2.
(너 때문에 하루를 살아가)
너 때문에 내 심장은 뛰어
저 하늘에 소리쳐
사랑할 한 사람 세상에 너뿐이라고
후주
61
사랑해

필인 추가 연습 – 1박자 필인

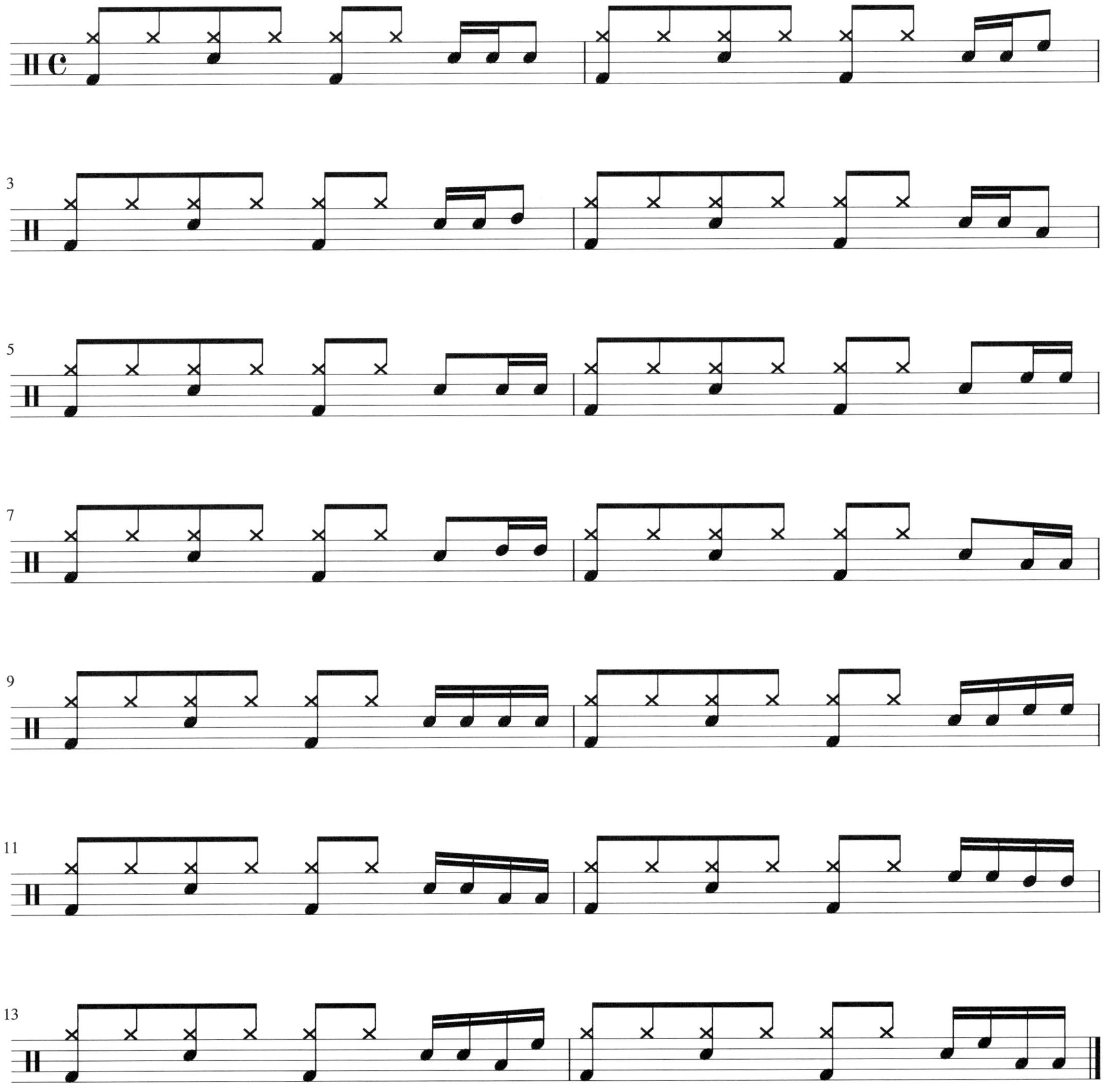

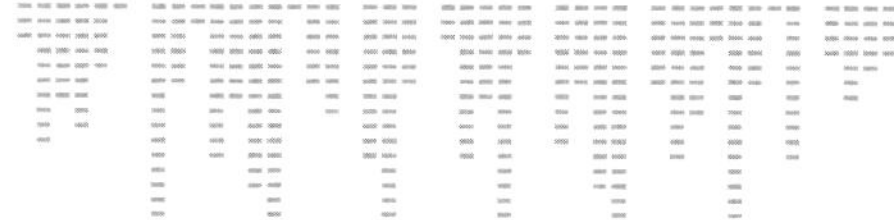

필인 추가 연습 – 2박자 필인

필인 추가 연습 – 4박자 필인

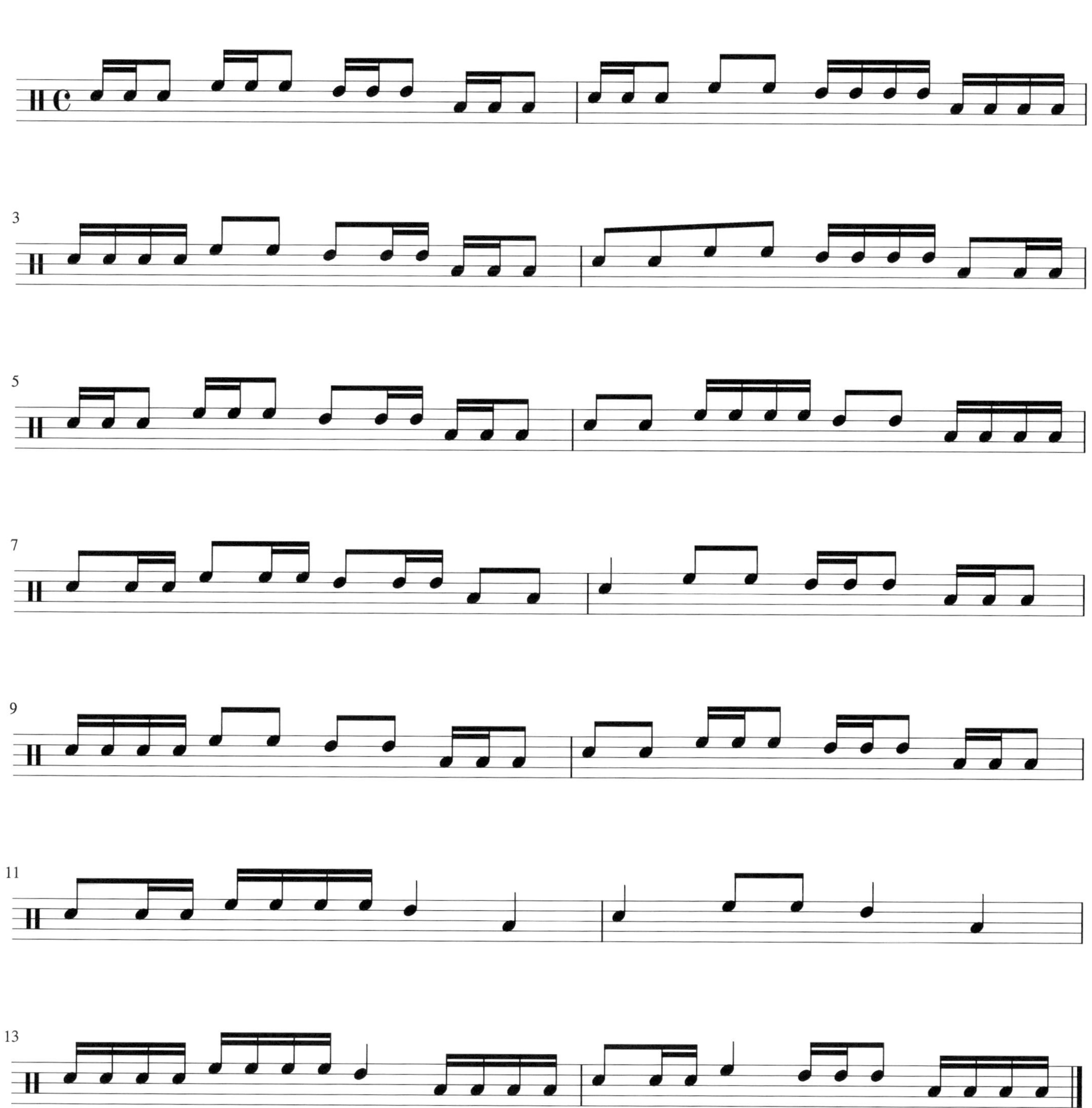